天下文化

BELIEVE IN READING

BEP059

薩提爾的親子情緒課

以愛的對話，陪孩子走過情緒風暴

李儀婷——著

獻給我摯愛的父親以及母親
讓我得以將愛傳遞下去

目錄

第二部　情緒，讓它奔流

第三部　對話日常　強健冰山的養成

一、日常篇

第四部　溝通實戰　帶著覺知溝通

推薦序

同理彼此的情緒，攜手走上和諧之路

李崇建　作家、教育家

二〇二〇年暑假，儀婷全家回台中住，方便與家人相聚。她帶著三個寶貝，還有兄弟的兩個孩子，一起參加暑期營隊，讓孩子們玩在一起。儀婷一個人，帶著五個孩子，早出晚歸接送，她告訴我生活的感動，一種幸福的感覺洋溢。

五個小孩各有個性，爭執吵鬧在所難免。五個孩子經常「爭寵」，搶著和儀婷分享，也搶著向她抱怨。

有帶孩子經驗的人應知任務並不簡單，但儀婷從容應對，絲毫不顯得局促。

我看她與孩子互動，彷彿如來的神掌，自在又自由的狀態，不禁回憶她初為人母：她常常說自己累翻，幾乎忙不過來了。加入姊妹的爭執，要如何排難解紛呢？自己都快要煩躁透支了。

尤其三三陷入憂鬱，父母幾乎動輒得咎，那段日子儀婷疲累，仍不斷的學習。這些狀況成因何來？要如何修正與應對？

我看她一路學習，一路成長走過來，自我與家庭應對的修正，從慌張不安的面貌，到如今的自在安定，我有太多的讚嘆。

儀婷成就如今的自己，如今的家庭樣貌。她寫了幾本教育書，一本比一本細緻，也一本比一本精采。

翻閱儀婷新的教育書，我看得津津有味，不只是我熟悉書中孩子，而是她落實薩提爾模式於家庭，諸多細節的脈絡與講解，相當精采且實用。

我也常講情緒教育，因為情緒教育是核心，是生命向內外擴展的關鍵，但是情緒教育困難，在於學習者如何應用，聽者常心有戚戚焉，卻不易在生活中操作。

我綜觀儀婷的新書，發現她講解精闢到位。我不如儀婷講得深刻，也不如儀婷講得實用。

家庭裡談情緒教育，最困難之處在於情境，父母該如何應對呢？情緒的發生有其歷程，消解情緒亦非一蹴可幾。用簡單的語言陳述，就是：情緒不是你說了什麼，就能解決了什麼。

儀婷在這本書中，展現了衝突的事件，展示了處理的歷程。這不只有孩子的歷程，還有自己的內在歷程，更有伴侶的歷程。若是三代同堂，可能還有爺奶的歷程。比如書中一一刷牙，孩子與先生「較勁」，惹得先生施壓力於孩子，這類衝突常讓旁觀者暴衝、沮喪與無奈，因而引發更大的問題。

儀婷以一個旁觀者，一個母親的角色，一位妻子的角色，示範了如何介入其中，不是指責任何一方，而是展現了對孩子的愛，也展現對伴侶的接納與愛。這個過程在一般人身上，往往衝突變得巨大，難以善罷干休，或者內心耿耿於懷。**儀婷與自己深刻連結↓所以才能連結孩子↓讓孩子與自己連結↓進而讓父子之間連結↓再讓夫妻之間連結↓也讓先生與自己連結**。

我在上述幾句話，用了粗體字，刻意以箭頭取代標點，俾便讀者清晰看見目標。亦即**目標不是解決問題，目標是彼此的連結**，這個目標的開始，來自於運轉的自我。

讀者可能會提出問題：孩子沒有那麼好溝通、伴侶沒那麼容易談……

家庭的應對與和諧，乃一步步走來，不是一次就成功。

即使一一刷牙事件過去了，還有先生教川川學騎車，父女之間的衝突；先生教三三英文，父女的應對。儀婷同理彼此的情緒，連結了親子的渴望，攜手走上和諧之路。

這些都是儀婷實踐的歷程，不因一次問題解決，就永遠不會有問題。因此，對於現狀就有了接納，那是家庭生活的一部分，人永遠可以選擇應對。

在應對孩子個別的狀態，一一因不是媽媽叫起床，因此有了情緒；川川覺得自己不被愛，而有了傷心的眼淚；三三的小動作，卻不願意承認犯錯……

儀婷的處理程序，不執著於問題本身，而是看孩子內在，還有孩子行為成因，她進入了孩子感受，並且善用回溯問句，讓孩子的情緒沉痾流動。這是最困難的部分，也是薩提爾模式的精神，落實在關係裡、教養裡的圖像。

書中還有三三的功課，對於考六十二分的女兒，儀婷互動非常細膩。長久以往的應對，三三有了大轉變，從早期害怕面對失敗，常有退縮的狀態，到如今勇敢參與比賽，考前自動複習。這說明美麗圖像的形成，父母的應對是關鍵。

我從小覺得儀婷魯鈍，學習落後常人甚多，教她也聽不懂。但是儀婷非常真誠，是努力的學習者，從踏入文壇成為作家，文學成就超越我，進入教育領域亦然。她細膩的應對，還有真誠的自省，在這本書裡所呈現，不僅止於精采好讀，更讓我有所學習，定會讓閱讀者大有收穫。

暑假期間看家人互動，我由衷發出讚嘆，不是看見儀婷長大，而是儀婷更豐盛了。她帶動自己的家庭，也讓原生家庭靠近，這是一幅太美的圖像。

推薦序

在靈堂前，聽孩子們說故事

許榮哲　華語首席故事教練

我是個一百分的丈夫。

會說自己一百分的人，大多是悲劇，幸好我不是那個意思。

我的意思是，我的智商一百二十分，情商負二十分，加起來一百分，更悲劇。

幸好我老婆李儀婷是薩提爾溝通高手，這是第一幸。

第二幸，幸好我老婆同時也是我們全家的家庭教練。

第三幸，幸好我的同班同學，三個孩子們，學習成績都比我好。

別人有三高，我有三幸。

不信，舉個例子：

某次，回家的路上，我跟大女兒起了爭執，當時儀婷正在停車沒空插手。然而大女兒只花了三秒鐘，一句話，就幫我和她自己解決了這場爭執。她說：「爸爸，我跟你說對不起，但你也要跟我說對不起。」

女兒的一句話，給了我台階下，也給了她尊嚴。往日要冷戰三天的爭執，女兒居然三秒鐘就解決了。

儀婷這本新書延續上一本《薩提爾的親子對話》，穿過層層情感迷霧，幫讀者打造出簡易可行的知識結晶，讓一般人拿著它，就能輕鬆化解百分之九十的親子衝突。除了親子衝突之外，夫妻、同事，甚至陌生人之間的衝突，也同樣適用。

舉個例子：

多年前，我到新加坡演講。

演講結束，底下有個聽眾提問。

「台上的，告訴我三個台灣最好的作家，如果說不出來，代表台灣沒有好作家。」

什麼鬼邏輯？根本是來亂的。但我還是小孬孬的回答了。嘴上恭恭敬敬，但腦子裡卻狠狠暴打他一頓的那種回答。我浪費了其他聽眾的時間。一場好好的演講，就因為一個陌生聽眾的挑釁，毀了。我為自己的裡外不一致懊惱不已。

更懊惱的是，主辦單位告訴我：「許老師你太認真了，剛才那個人根本不是來聽演講的，他是專門來挑釁的，因為這已經不是第一次了。」

回去之後，我深切反省，下次再遇到這種傢伙，該如何應付？我習慣用的方法是「換位思考」：如果換成小說家張大春，他會怎麼處理？這麼一想就通了，所以有很長一段時間，我就是這麼回應挑釁者：「台下的，如果有人對你說，說不出西瓜哪裡好吃，就是西瓜不好吃，這代表什麼？這代表眼前的傢伙瘋了。同樣的道理，我回答不出三個台灣最好的作家，跟台灣有沒有好作家，沒有一丁點的關係。所以……滾。」

這麼多年來，我都是這樣應付挑釁的傢伙。有效嗎？

效果完全取決於對方是知道節制的傻子，還是不知節制的瘋子。答案是：這個世界傻子多，瘋子也不少。

當你解決問題的方法是開車對撞，問題怎麼可能解決？它只會變質成另一個問題。一開始是對方的問題，後來就變成你的問題了。

直到遇見李儀婷，我的薩提爾溝通教練，我三個孩子的媽媽，天天看著她和四個小孩（我也是其中之一）自由搏擊，於是我也從中學得一招半式，例如——聽核心。所謂聽核心，就是：

傾「聽」：傾聽任何能散發訊息的行為，不帶任何敷衍

「核」對：進一步詢問，確認對方所陳述的事件

用「心」欣賞：認真欣賞，增加對方的自我價值與自信

（詳見三十九頁「聽核心2.0」版本）

以前我習慣用「疑火刺」來回應對方。

所謂「疑火刺」就是：先懷疑，再否（火）定，最後諷刺。

然而這麼做，常常適得其反。因為對方也不是省油的燈，他們是火鳳，你一不小心就助長了他們燎原。

現在的我，戒掉了「疑火刺」，改用「聽核心」，從此之後，每隻小火鳳都溫馴

的靠著我打呼嚕。

哪有這麼簡單？

對，就是這麼簡單，簡單到有點難以置信。就算是我這種情商低的傢伙，也能輕易上手。

不用懷疑，最好的方法常常就是最簡單的方法。

現在的我，是這樣回應挑釁者：

「謝謝這位先生，給了我這麼高度的肯定。因為回答不出三個台灣最好的作家，跟台灣有沒有好作家，沒有任何的關係。但你之所以這麼說，肯定是因為聽完我的演講之後，就被我圈粉了。你深深的相信，如果連我這麼厲害的人都說不出來了，那肯定是沒有。

「所以我要特別感謝你這麼肯定我，讓我有機會來聊一聊我最喜歡的三個台灣作家。至於他們是不是最好的，我只能說『就像你這麼愛我一樣，我也好愛他們，我們都是腦殘粉啊。』」

也許有人會質疑，對方那麼壞，你還欣賞他，這不是太鄉愿了嗎？

表面上，我欣賞他沒錯。

但實際上呢，我是欣賞了我自己啊啊啊。

看了上面的例子，大家肯定都看出來了：我、學、歪、了。但我可以自豪的說，我的情商從最初的負二十分，暴漲到六十分了。

回到親子溝通。

關於孩子，我腦海裡最深的一個畫面是——岳父的告別式。他的四個孩子（包括我老婆在內），四個已屆中年的大孩子，在老父親的靈柩前，各自一把鼻涕一把眼淚的訴說自己與老父親的故事。

那個畫面給了我一個無比震撼的啟示，那就是這輩子陪你走最久的人，很可能不是另一半，而是自己的孩子。

終有一天，你會躺在自己的靈堂前，靜靜聆聽孩子訴說你們之間的故事。你希望他們說出什麼樣的故事？愛、理解與寬容？還是沉默以對？抑或怒目相視？

雖然未來在孩子那裡，但故事的掌控權其實在你手上。

讀懂孩子的情緒，學會與孩子親密互動，那麼你才有機會，在未來，聽到孩子們親口告訴你，你們之間，了無遺憾的故事。

自序
媽媽，謝謝你愛我

我從大女兒三三兩歲時起，開始學習薩提爾模式。在學習進入第五年時，親子應對關係上已然能迅速覺察自己。不過即使如此，過去堅硬的慣性，依舊會出其不意的鑽出苗來，遮蔽我的覺察。

三三七歲時有天晚上，我們在某律動教室學習。課程結束時，已接近晚上九點。有鑑於過往回家時間愈來愈晚，於是我對回家的速度便有了期待。我催促孩子們盡快收拾自己的物品，快快離開教室回家，以回家休息為首要條件。然而孩子依然行動緩慢，一面慢吞吞的收拾書包，一面開心的與同學聊天。

我提醒幾次後，孩子依然故我，等收拾好離開教室，已是半個小時之後了。

回家路上，我的情緒壅塞於胸。一進家門，我便對孩子們訴說我的情緒，也說了我對時間的期待與焦慮，更說了我對未來下課後的動作要求，我希望孩子能以最迅速的動作收整東西。

說話時，因為情緒壅塞，不經覺察，我說：「你們讓我等那麼久，我的時間都在等待的過程喪失了。下次若還有這種情況，你們要把時間賠給我，因為你們不珍惜我的時間，應該以此抵消帶你們出遊的規畫一次。」

說完，三三委屈的哭了，但她沒有和我爭執，選擇默默的繼續所有盥洗動作。

睡前，我照例和孩子親吻、相擁，互道晚安。之後，三三把頭靠在我肩上，以非常緩慢的口吻，與我談話。

三三：「媽媽，我有些話想說，可以嗎？」

我：「好。」

三三：「媽媽，我們今天動作慢，晚回來了，我們很抱歉。但我覺得我已經有努力了，只是在換衣服（芭蕾舞衣）的時候慢了點。遇到同學時，不自覺會想說話，所以時間就耽擱了。我知道媽媽時間也很寶貴，讓媽媽等，很不好，所以對媽媽很抱歉，下一次，我們會努力動作快一點。」

我很感動：「謝謝你的坦承，也謝謝你願意努力。」

三三又說：「但是媽媽，我不喜歡你用交換時間的說法來威脅我們，只為了讓我們動作快一點。因為當你這樣說的時候，我就會覺得你不愛我了，而我也完全不想努力了。這樣的說法，只會讓我覺得很生氣、很難過。所以，我希望媽媽你能用溫柔的方式提醒我們，這樣我們會知道媽媽的意思，也知道你很愛我們，也會讓我們願意繼續努力加快速度。媽媽，你覺得這樣好嗎？」

我望著臂彎裡的三三，腦袋跑過「小小薩提爾」的字眼。

當時三三七歲，在我浸潤薩提爾模式的五年歲月裡，三三對我展開了一場我從未體驗過的「一致性」的對話，而且是由她起頭，對我講述她的感受，她的期待，她的渴望，也連結了我與她的親子關係。

改變，一直都在進行。

許多人關心「究竟要學習薩提爾模式多久，才能看見孩子轉變？」這其實並不是薩提爾模式會去關心或注重的事，因為薩提爾模式關注的是人，深信每個人都有資源，是為了人與人美好的相處而存在的。

有時候改變顯著，有時候改變混沌，有時候父母的改變能帶來孩子劇烈的改變，但有時改變如深海的漣漪，需要等候，才能匯聚成形，成為美麗的浪花。

我浸潤薩提爾模式後，影響了三三原本的慣性，然而我的學習不見得會一直處在最敏銳的狀態上。當我不覺察，又陷入過去的慣性時（語帶威脅的對話），三三卻能成為提醒我、幫助我覺察的鏡子，而當時我已學習了五年。三三第一次以非常薩提爾的方式，展開驚人對話的能力，與我互動，當時我是非常震撼且驚喜的。

改變，是需要父母不斷的在日常中，以一致性的對話與孩子相處，一點一滴建立完成的。在時間的累積下，孩子的內在才能趨於平穩，並且擁有一致性的底蘊，如此才能在需要時，展開與父母一致性的平穩對話。

這便是我撰寫前作《薩提爾的親子對話》的緣由。因為父母是孩子最好的帶領者，為孩子示範寬廣平穩的內在，展現何謂一致性的表達，孩子才能以父母為藍本，持續不斷的學習。

在那之後，三三的成長是否會一直如此完美？

成長過程如同一場運動賽事，不管平日練習得再好，上場總有失誤的時候。然而，平常的練習，卻是將失誤機率降低的最好辦法。以三三為例，三三一致性的底蘊在七歲時大致完成。此後的每一天，她的覺察肯定會愈來愈敏銳快速。但她仍舊是個孩子，該有的成長起伏依然會有，失誤也肯定不會短少。不過，只要我能以更豐富的目光看待孩子成長，她就愈能覺察，也愈能接納各種挑戰及修正錯誤。

三三九歲前的某個週日，展現出來的覺察，也讓我驚豔。

那時我帶著三三和弟弟妹妹參加社區的手作活動。

出門前，三三學校功課還來不及做完，但我仍舊帶他們出門。當天手作的項目是端午節的防蚊香包。我與三個孩子手持針線，全神貫注在香包的香氣中，香氣縈繞在我們之間，我們玩得不亦樂乎。

結束後，三三卻開口問我：「媽，你愛我嗎？」

我很困惑三三的提問，然而不管發生什麼事，我肯定愛她，因此幾乎沒有猶豫，立刻回應她：「當然，媽媽非常愛你。」

三三看著我，想了想，說：「媽，那你知道我作業還沒做完嗎？」

我：「我知道呀！你功課很多，還沒做完，我知道。」

三三：「媽，我功課沒有做完，你還愛我嗎？」

我：「當然，我對你的愛，無關乎你作業有沒有做完。你做完作業，媽媽愛你，你沒做完，媽媽也是愛你的。」

三三好奇：「媽，你不擔心我作業有沒有做完嗎？」

我沉思了會兒，道：「我會擔心呀。但我想，你是大孩子了，應該有你自己的安排，畢竟作業是你的，所以我選擇相信你，相信你會自己規劃。我雖然有我的擔心，但擔心是我的，儘管偶爾還是會提醒你要記得寫功課，但這跟愛不愛你，和作業有沒有寫完，完全沒有關聯，這是兩件事。」

三三甜甜的笑了：「媽，你放心，作業我會自己安排，自己努力完成，你偶爾提醒我，我很高興，因為我很需要。媽媽，謝謝你這麼相信我，謝謝你這麼愛我，我也非常愛你。」

三三的敏銳與覺察，讓我明白，自從七歲那一次一致性的表達開始，她已然是個成熟的孩子了。只要我愈加欣賞她的覺知，她就愈能覺察自己的樣態，無須我時刻替她操心。

孩子只要有覺知，即使功課沒做完，我也無須擔憂。因為她的覺知將帶領她比我更積極，而我只要相信她，她就會因為我的信任，做得更好，承擔起她該負的責任。

我看著三三，微笑著對她說：「我也很愛你。」

將薩提爾模式導入家庭的親子關係中，能貼近親子間的關係，更能貼近自己，並且藉由自己的穩定，加速孩子更加覺察自己。

我深信我與三三之間的一致性對話，會一直持續下去，並且深深的連結著彼此，這於我是一幅美好的家庭風景與藍圖。

第一部

情緒接招前的準備

1 解構情緒

理解情緒的由來，以及放任情緒奔流可能衍生的苦果，
別讓情緒越級變成我們的主人。

引導孩子情緒之前，我們必先理解情緒是何物。

情緒是維持身體狀態的健康平衡機制，在遇到衝突或事件時，情緒便會升起，並帶動一連串保護裝置（行動），藉此維持身體內在機能的平衡。

而情緒的發動，既是主觀感受，也是客觀生理反應，一旦有情緒發生，就會啟動一連串具有目的性的動作，此動作也可稱之為一種社會表達。

許多書籍都詳細介紹過關於情緒的產生與功能，在這裡就不特別解釋名詞。我們只要知道，在各種關係以及日常生活中，情緒是與我們息息相關的存在，並且理解情

緒是一種保護機制，並無好與壞的區分即可。例如：高興、愉快、興奮、悲傷、痛苦、難過，都只是情緒，是保護我們能安全生活下去的一種能量的展現。

明白情緒的存在是再正常不過的事之後，讓我們來針對一般大眾口中的「負向情緒」（在薩提爾模式的認知中，情緒是中性的，並無好壞區分。因此這裡討論的負向情緒，僅以大眾認知的來代稱），來解構負向情緒在衝突事件發生時，目的為何？任由情緒帶領，一旦情緒成為主宰我們的主人，我們又將經歷什麼樣的歷程。

情緒的目的

情緒的產生，成因無數，目的也不會只有一個。因此在這裡解構情緒時，將會闡述主要的目的，而不做全面目標的解構，僅以能簡易理解情緒的目標為主。

二〇一六年末，我與先生主辦第十三屆「搶救文壇新秀再作戰」文藝營。我們是營隊的導師，也是創辦人。

那年，霸王級寒流來襲，營隊辦在陽明山上，寒冷可想而知。上營當天，我在家裡收拾行李，打包營隊需要的大量書籍，準備運送上山。所幸我們有車，開車運送並不費勁。

即將出門前，先生臨時起意，想帶二女兒川川到車庫練習腳踏車。車庫是機械型車位，有一小片腹地，可以供孩子練車。孩子的腳踏車是朋友送的二手車，樣子不美，卻挺堅固實用，是孩子練車的好物。腳踏車就放在車子的後車廂裡。先生帶著當時才四歲的川川歡喜的出門，沒多久，兩人卻怒氣而回。

一問之下，才知道孩子對腳踏車不熟悉而心生懼怕，才剛騎上去就因為車子過高而感到恐懼不願意再嘗試。先生雖然再三鼓勵，仍舊敵不過川川執拗的脾氣，最後只好也跟著生悶氣上樓來。

讓我們在這個地方暫時先停一下，專注的凝視川川「恐懼」的這份情緒，為她帶來了什麼。

對孩子而言，恐懼形成的緣由有二：一是天生性格，對未知的挑戰總是比較小心翼翼。二是過去面對困境時，得到的經驗可能是：困境的後面，會是高危險的挑戰，因此經驗告訴她，遇到危險時，躲避或逃離是最佳選擇，這便是過去的經驗造就現在的選擇。

不管形成的原因為何，「恐懼」的情緒，皆是為了保護自己的「安危」而生，因此我們可以說，「恐懼」的目的（之一）是為了讓主人（自己）遠離危險。這是情緒帶來的正向價值。

理解「恐懼」的目標之後，我們也許就能比較寬容的看待「孩子的恐懼」，並且較能接納孩子的情緒。

情緒的苦果

當情緒的目的達到之後，若我們還固執的躲在「情緒」的安全盾牌裡不願抽離，緊抓著「恐懼」不放，拿「保護生命」當令牌，那麼「恐懼」這個情緒，也將衍生出其他該承擔的後果，我稱之為「苦果」。

苦果不一定每次都跟隨情緒出現，苦果的出現得視主體（我）用什麼樣的方式面對情緒。通常慣性禁錮在情緒裡愈久的人，苦果出現的機率愈大，而且後座力愈強。

例如恐懼之後的苦果，是膽小、害怕、驚懼、退縮、不夠勇敢等等，對任何事都裹足不前。

一如川川的「恐懼」，雖然成功帶領川川遠離危險，但如果川川執意抓著「恐懼」繼續生活下去，這份「恐懼」將成為川川「學不會腳踏車最大的障礙」，這便是苦果。川川帶著這份恐懼要求爸爸帶她回家，行為所表現出來的就是膽怯，對於學騎腳踏車這件事，她不願意再做任何嘗試，恐懼讓她蜷縮在安全的洞穴裡。該如何讓川川離開安全的洞穴，勇於面對困境接受挑戰？後面章節將會提到，這裡便不贅述。

情緒三態

理解情緒的由來（目的），以及情緒可能會衍生的苦果（後果），接下來，就不能不認清負面情緒（這裡談的是憤怒情緒）可能帶來的行為傷害。

當我們是情緒的主人時，我們掌控情緒，情緒便影響不了我們的行為。然而當情緒不受控制，成為主宰，那麼在情緒怪獸的宰制下，我們將成為情緒的棋子，步上三個階段的行為歷程，我稱之為情緒三態，分別為：液態、固態、氣態，其主要武器依序是：嘴巴、拳頭、性命。

1. **液態（口水）**：此為第一階段。這一階段的情緒怪獸武器是「嘴巴」，主要以言語傷害他人：揶揄、損害、斥責、謾罵，甚至無理由的咒罵，目的在擊垮對方心智。冷戰也屬於此階段，只是反向操作「嘴巴」的功能，將之緊閉，藉此達到傷害他人的目標。

2. **固態（拳頭）**：當言語傷害不了對方時，情緒怪獸就會暴走，失去理智，並且從口水的液態傷害，進化為固態的傷害，以「拳頭」當作武器，武力動粗是這一階段的表現方式，不惜以「具體行動」來造成「實質傷害」，以讓對方受傷為目標，藉此恫嚇以及控制全局。

3. **氣態（生命）**：當第二階段武力無法壓制對手，更無法控制全局時，情緒的猛獸就會理智完全斷線，進入第三階段，無法判別對錯，想置對方於死地，掐斷對方的氣息，希望眼前的一切都消失，我稱之為「氣態」。此階段的表現，對錯已不重要，在情緒驅動之下，將以性命相拚，以死相逼，不惜兩敗俱傷，做為最後表現憤怒的手段。

情緒三態在日常生活中，隨處可見。

我的兒子一一，牙齒清潔從小就是先生幫忙照顧。一一大約兩三歲時的某天晚上，先生準備幫一一刷牙，但年幼的一一正處於好動的年紀，遲遲不肯安靜刷牙，不斷嘻嘻哈哈笑鬧，在床上蹦跳，父子兩人因此發生了嚴重衝突。

先生叫喚了多次，從溫柔到嚴肅，一一完全不予理會，仍舊故我的玩耍。最後先生終於忍受不了，語帶威脅的告訴一一：「你再不來，我就要打你了。」

這便是情緒三態中的「液態」階段，以嘴為武器，說出具有威脅感的言語，期望對方聽從。

然而一一不知是年紀尚小不知危險將至，還是脾氣倔強意氣用事，居然告訴爸爸：「你打啊，我不怕，我不會痛。」

先生惱怒，立刻抬手，朝一一屁股狠狠的打下去。

先生大聲說：「怎麼樣，會痛了吧。」

此為情緒三態中的「固態」，將情緒具象化，以拳頭恫嚇對方。

沒想到年幼的一一情緒也上來了，與爸爸槓上，倔強的瞪著大眼睛，毫無懼色的跟爸爸說：「不痛不痛，你打得很小力，一點都不痛。」

先生一聽更惱火了，又下了狠勁揍著一一屁股。那力道，讓一一的身子不住的往前震了震。

先生：「痛了吧！」

一一依舊倔強的回應：「不——痛。」

一一這句「不痛」，讓先生更憤怒，彷彿父親的權威被兒子狠狠踩在腳底。為了讓兒子知道誰才是老大，先生愈打愈凶狠，彷彿只要打到讓兒子屈服，說出「會痛」，就能贏得這場父子較量。

然而，先生的理智完全斷線，漸漸陷入情緒三態的第三層「氣態」。先生出手的力道一次比一次大，像是要置一一於死地，每打一次，一一身子就踉蹌的往前。但一一為了捍衛自己曾說過「不痛」的諾言，仍舊死命堅持以「不痛」來回應先生。

這是典型的以情緒處理問題，得到的永遠只有情緒戰爭的結果。社會上許多衝突殺人事件，很多時候就是從情緒三態演化而來！

一旦情緒掩蓋主體意識，成為行為的主人，那麼喪失理智的人，在情緒的挾持之下處理問題，通常都無法逃脫情緒三態的行為層次。

情緒，並不是萬惡的淵藪，只是一旦越級變成我們的主人，就會混淆原本用意，一切都會愈走愈偏斜。

2 覺知情緒

情緒風暴來臨時，躲避風暴為先，
風暴平息，才是重啟對話的時機。

理解了「情緒」的產生與作用，也理解任由情緒主宰可能帶來的苦果之後，接下來，我們應該進一步理解，當情緒湧上心頭，即將帶我們走入情緒三態的風暴時，如何保持內在平穩，並且進一步和他人溝通。

我們得先練習覺知自己的情緒，在有覺知的情況下，能敏銳感受情緒的形成、湧動與走勢。覺知情緒已湧動，就能提醒自己：「溝通，是訊息的表達，而非傷害對方。」

每當情緒來臨，覺知若能提醒自己「準確表達訊息，而不傷害對方」，藉由這句話的作用，有意識的讓自己當情緒的主人，便可以遠離情緒風暴，建立良好的溝通。

在一一刷牙的衝突事件中，父子倆都在情緒的漩渦中對峙，先生已一頭栽進「情緒三態」的陷阱。

這場戰爭，最後肯定會走向關係毀滅，除非有人在風暴中穩住陣腳。我從不輕易介入先生的教養，因為先生有自己的想法，我無須干涉。然而牽涉到孩子的安危，我就不能不介入。

眼看先生的手勁愈來愈失控，我帶著旁觀者的全知，走進（介入）父子情緒的戰爭中。我拍拍先生的肩膀，輕聲說：「辛苦了。」之後我走向一一，抱起他，離開房間，離開先生的視線，離開戰場，也遠離情緒的風暴。

我將一一安放在客廳沙發上，抱了抱他，也摸了摸他的屁股。我說：「一一，剛剛你被爸爸打，爸爸打得很用力，媽媽看了很心疼，你會痛嗎？」

一一聽完我的話，扁著嘴點點頭，緩緩的說：「很……痛。」說完，一一的眼淚便掉下來了，彷彿禁錮他的情緒也被打破，如今他終於能好好傾訴內在真實的訊息。

一一不像剛剛那樣無感而倔強，相反的，他是會痛的，只是方才他被情緒給困住，無法準確表達訊息。如今，我的話語帶著關心與不捨，一一自然也順著話語的滑梯，真情流露。

我：「既然會痛，下次爸爸再問，你要記得跟爸爸說『你會痛』。只有真實跟爸爸說，爸爸才會停下來不再打你。你一直說不痛，爸爸就會一直想打你，打到你說痛為止。媽媽看了很難過，所以媽媽希望你學會保護自己，知道嗎？媽媽很愛你。」

我的愛，連結了一一內在最柔軟的地方，一一點點頭，抱著我嚎啕大哭。

一一哭了會兒，哭聲漸漸安歇後，回去找爸爸為他刷牙。我鼓勵他勇敢告訴爸爸，剛剛被打屁股他是會痛的。

一一走回房間，小聲的告訴爸爸，屁股會痛，還向爸爸說了聲「對不起」。先生沒回應一一的道歉，只是安靜的繼續為孩子刷牙。

一一主動向爸爸拋出「連結」，爸爸接與不接，都不是一一能左右的，但至少爸爸能感受到孩子還是愛他的，親子關係不至於膠著。送出連結與關心，不管是爸爸或孩子，都會讓身處情緒風暴的人冷靜下來，擺脫「情緒三態」帶來的傷害。

隔天，我主動詢問先生：「昨天的事，你還好嗎？現在還在氣頭上嗎？」

先生緩緩的說：「謝謝你把兒子抱走，不然接下來我真的可能把他打死。當時我太生氣了，一心只想贏，不想認輸，還好你讓我沒機會意氣用事。」

面對一一的事件，先生一下子就陷入「情緒三態」的困境裡，這便是任由情緒主導事件的危險之處。

我聽了先生的表白，內在很是感謝。感謝他的覺察是如此敏銳，也感謝他願意將自己的困境坦白向我傾訴，更感謝他在情緒平穩之後，不忘向我送出感謝，願意與我有所連結。

我：「很高興聽你這麼說，我原本還怕你會氣我把孩子抱走，謝謝你當下願意讓我先抱孩子離開。」

我和先生彼此送出愛與連結。在這個事件裡，我們沒有爭執，也沒有埋怨，只有對彼此更加的貼近與理解。

情緒風暴來臨時，躲避風暴為先，直至風暴平息，才是重啟對話的時機。

而不管是什麼樣的對話，都不要忘了連結對方，這是衝突帶來的禮物，每一次衝突都是連結他人的好時機，使親子關係與親密關係，不會因為爭吵而有所鬆動，以愛滋養彼此。

美國社會心理學家費斯汀格（Leon Festinger）曾說：「生活中的百分之十，是由發生在你身上的事情組成；而另外的百分之九十，則視你對這些事情的反應所決定。」

在日常生活中，不管是親子關係或親密關係，肯定都會面臨很多不如意。如果總是以高張的怒氣來面對，後果只會更糟，不會變好。

反言之，如果能適時的先離開情緒的風暴，再尋求表達自己的時機，並且不忘連結他人，那麼在情緒來臨時，反而更有機會走向彼此，做出最適合的溝通。

3 聽核心 2.0 進階對話工具

以「聽核心」為對話底蘊，時刻覺察自己的話語，讓對方有被關懷、被支持、被愛的感覺。

一個朋友和先生吵架了，把問題帶來我面前。

朋友不停細數她與先生的種種紛爭，大抵是先生雖然為她付出了很多，但朋友覺得這些付出並沒有達到完美。

為了讓先生達到完美的境界，朋友給予非常多的建議，建議裡還參雜著指導口吻，甚至指責。

朋友的表達，讓先生感到非常受傷，兩人因此大吵一架。

朋友說完故事後，問了我一句：「溝通為什麼這麼累？為什麼我不能表達自己的意思？為什麼對方明明做不好，我卻不能表達意見？為什麼我不能說實話？」

事實上，這並非能不能說實話的問題，而是說話有很多層次，一旦選擇的實話包含指責，那麼實話就成了傷人的武器。反過來，若選擇的實話，是正向的欣賞，那麼實話裡將充滿著愛與支持的力量。

我問朋友：「你多久沒稱讚你的先生了？」

朋友理所當然的說：「我從不當面稱讚他，但是我都有跟朋友稱讚他是個很棒的先生，誠懇、努力、認真。」

朋友說著先生的特點時，眼裡流露出驕傲。但是她的表達模式卻是我熟悉的，那是傳統教育下教導的嚴以律己及謙虛。對自己或家人，總是嚴格要求，從不當面稱讚，就為了避免他們驕傲。做父母的偶爾會私下對他人說起孩子的好處和優點，但孩子永遠不知道父母是欣賞他們的。在父母面前，孩子永遠感到卑微，永遠覺得自己老是做錯事情，永遠感到不快樂。

我問：「你不習慣當面稱讚先生嗎？這行為是從哪裡學來的呢？」

朋友說：「多少跟爸爸學到一點。」

我問：「為什麼不把稱讚說給當事人聽呢？」

朋友回答：「不知道，習慣了，可能覺得不好意思吧。」

我：「想要你們的關係變得融洽嗎？」

朋友點點頭。

我：「那麼就練習在先生面前欣賞他吧。現在也許你覺得不習慣，但練習能讓我們熟能生巧。」

讓「聽核心」成為對話底蘊

如何在對話時，選擇正向的語言，讓對方有被關懷、被支持、被愛的感覺，這需要每日用心練習。

面對伴侶的溝通，面對孩子的溝通，方法如出一轍。而且，模式極為簡單，只需要勤為練習。

我提倡以「聽核心」做為對話的核心與基礎工具，在上一本書《薩提爾的親子對話》中，有詳細介紹。在書裡，我大量以「聽核心」的對話工具，示範如何在衝突裡回應衝突。

在此簡列「聽核心」的精神，每項工具的價值與核心概念。

「聽」：傾聽

包含表情、聲音、姿態等任何能散發訊息的行為，都必須要呈現「誠懇傾聽的樣子」，不帶任何敷衍的舉動。

「核」：核對

為了確保傾訴對象所陳述的事件，是我們耳朵所聽到的那樣，為此必須做出進一步詢問，這便是核對。

「核對」時，會需要用到的工具是「複誦」與「換句話說」。其詳細用法，可參考《薩提爾的親子對話》一書。

「心」：用心欣賞

欣賞，是在一段對話結束時，最好的結束語。如果可以做到誠摯的欣賞，孩子將因父母（大人）的欣賞，增加自我價值與自信。因此在正向對話的系統裡，「用心欣賞」幾乎可說是能量最強大，也最重要的結束動作。「欣賞」有助於孩子發展「成長型思維」的核心價值。

以上為「聽核心」的核心價值與概念，然而實際上，此對話的精神脈絡，若只在衝突發生時才使用，那麼對話將淪為工具，甚至成為敷衍性對話，只為「解決問題」而存在。

「聽核心」的對話運用，應以真誠為基底，不只在衝突中運用，更應該廣泛的運用在日常生活中，將此對話方式練習到成為習慣，成為說話的基礎底蘊，將可影響親子關係、親密關係，甚至所有關係。

為了推廣「聽核心」在日常生活中的廣泛運用，我將此工具進化，成為進階版「聽核心2.0」。

「聽核心2.0」版本的工具運用，與側重的重點，與上一版本同為一樣脈絡，一樣的三步驟：聽——傾聽、核——核對、心——欣賞。

新版與上一版不同之處在於，我特別將每一步驟側重的要點提列出來，提供大家在生活中對話時，能時刻覺察自己的話語，甚至檢視每步驟的對話是否有達到要點。若能在每一步驟的對話中達到要點，則可將日常生活的對話，推進至最好的狀態，並且養成新的習慣，深刻影響孩子說話的方式。

為了避免讀者進入學習的雷區，在每一步驟後列出「錯誤示範」，提供讀者參考，不致誤用方法。

聽（傾聽）：聽懂孩子的觀點

訣竅：聽事／情

在傾聽階段，訣竅可以從兩方面著手：「聽事」與「聽情」。

「聽事」，顧名思義，就是聆聽孩子以自己的觀點，詮釋所見所想所聞之事，完整傾聽孩子想表達的事件。

「聽情」，孩子在傾訴事件時，都會有一主要想表達的事物，其中最為我們需要抓取的重點，在於「情」，就是孩子訴說事件時，會產生對事件的「情緒」，也就是冰山裡「感受」的層次。讀懂孩子的感受，並以此做為對話時的回應重點，對話能量將達到事半功倍。

大女兒三三小一時，有次學校小考考了六十二分。那應該是她上小一以來拿到的最低分，破她自己的紀錄了。

放學回來後，我按往常關心她學校生活。她迴避了小考的分數，反而刻意告訴我另一件事。她說功課很多，但是她非常努力，已經寫了一半。過程裡，她不斷強調自己非常努力。這便是「聽事」，由孩子自己選擇想說的「事件」，講述給父母聽。而三三要表達的「事件」是：我有寫功課，雖然才寫了一半，但是我非常努力。這是三三想傳遞的事件重點。這便是「聽事」裡的重點。

當我問及小考狀況如何，三三停頓了一會兒，小聲的說：「我考了六十二分，媽，我真的非常努力寫了，可是我寫不完，有些題目也不會。」

當三三說出這句話，我才恍然，三三前面所說「我真的非常努力」的用意，是在為自己小考分數曝光做準備。

聽完孩子講述的事件後，父母要做的下一步，便是辨認情緒所在。

我能感覺到三三因為小考分數而情緒低落。此處便是「聽情」，意即準確理解孩子的「情緒」所在。聽情，在傾聽的這個階段，是極為重要的，因為之後我們將要以此情緒做為對話的關注點，為三三「沮喪」的情緒做工作，展開一連串的對話。

錯誤示範

雖然此階段為「聽事」、「聽情」，但過程中，若父母已聽到想聽的關鍵字，很容易掉入「過來人」的陷阱裡，或以「一切了然於胸」的姿態和口吻，過早下論斷。

如：「你很沮喪，我知道啦！只是沮喪而已，沒什麼！」此為「傾聽」階段的大忌，必須謹慎。

較好的回答，是利用核對方式中的「複誦」或「換句話說」做出回應，如：「你很沮喪？」「你說你寫不完考卷？」「你已經很努力了，對嗎？」

核（核對）：核對孩子的目標

訣竅：核目標

每個人都是一座冰山，有不同層次需要去探索。在核對階段，此工具可以核對冰山各層次，如核對感受、觀點、期待，不論過程核對什麼層次，若想改善目前膠著的狀態，彼此往前一起邁進一步，那麼就得透過對話，確認孩子的「目標」為何，想要的是什麼？想從這次對話裡得到些什麼？

有了清楚的目標，便能在對話過程決定給予孩子支持，還是給予界線，或規範。

我問三三：「考試考不好，你沮喪嗎？」（**聽情**）

三三點頭：「有一點，因為有些題目我寫不完，最後的句型造句我也不知道是什麼意思。」（**聽事**）

我問：「你想弄懂句型造句嗎？」（**核目標**）

「核目標」，核對孩子在這場對話中，想要達到的目標為何。一旦有了目標，不管大人或孩子，都會有繼續努力的動力與方向，對話也是。

三三：「想啊！媽媽你能教我嗎？」

我說：「當然可以，我很願意呢。」

很快的，我與三三有了共同努力的目標，連結彼此的關係，也讓雙方很快成為站在同一陣線的夥伴，給予支援。

「核目標」另一層較深的用意，是讓孩子感覺得到陪伴，不管前方路途多麼困難，她都會有我的陪伴，不至於陷入孤單中。

錯誤示範

此階段雖為「核對目標」，但在核對出目標後，引導者很容易掉入「超理智」應對，以「理所當然」的姿態，朝著目標直衝而去，對話的語氣就會陷入「說道理」的困境，而缺乏感情的回應。

如：「既然你想要考好，想怎麼收穫先怎麼栽，你要努力，再困難都得忍耐。也不能退縮，因為你說這是你想要的，你得為自己說過的話負責。」此為「核對目標」階段語態的大忌，要小心避免誤觸。

心（欣賞）：以欣賞孩子做結

訣竅：心價值

這一階段的對話，以欣賞孩子為主，亦可將欣賞做為對話的結束語，讓每一次對話都能產生力量。

然而要如何欣賞，才能讓孩子感覺被愛，感覺有力量，而不是流於形式或敷衍？在語言裡灌入「心價值」，可以抵達欣賞的核心。

「心價值」，意即「用心，定義，價值」。

意思是指，用真誠的心意對待孩子，以自己的見解（觀點），重新詮釋俗稱的負向行為，並且將之反轉，定義具有正向意義的新價值。也就是，父母以寬廣豐富的眼光，重新看待孩子的行為，讓孩子能在父母定義的價值上，安穩的成長，汲取父母豐富的眼光，肯定自己。

在三三小考六十二分的事件上，我亦以此做為對話的回應。

我問三三：「題目寫不完，讓你考試分數不理想，這是考不好的原因。那你有覺得自己哪一點很不錯嗎？」

三三點頭，說：「有啊，我按照媽媽說的，遇到不會的題目先跳過，先寫會的，所以這次會的都有寫完喔。」

看著三三帶著些許驕傲肯定自己，我欣賞三三：「這非常不容易呀！小時候，老師跟我們說這種考試的教戰守則，我都沒辦法做到呢。你願意實踐，需要非常大的意志力。畢竟要跳過自己不會的題目，選擇不再執著，是非常需要勇氣的。」

我在三三的行為裡，看見了「勇氣」、「努力」、「堅持」等值得欣賞的特點，將這些特點提煉，融合自己過去的經驗，重新詮釋這些資源的意義與價值，雜糅為欣賞的一部分，回送給三三。

三三在我的重新詮釋下，感受到自己更高、更有力量的價值。三三開心的展露笑顏，得到面對困境的力量與勇氣。這便是「心價值」的意義所在。

我說：「接下來我們要面對不會的題目，過程會有點辛苦，需要很多耐心和勇氣，你可以嗎？」（**核目標**）

三三點頭：「可以。我考得很爛，我想考好。」

我：「我很欣賞你願意面對困境，非常有勇氣。」（**欣賞**）

三三面露淺笑。

就這樣，在我的欣賞下，三三果敢面對自己的困境，堅毅又剛強的坐在書桌前，攤開小考測驗卷，重新學習不會的題型。

三三心神穩定，很快將不會的題目弄明白。但她仍在意分數帶來的衝擊，因此有些害怕的說：「媽媽，我現在雖然弄懂題目了，但我好怕下一次再考，我又不會了。」

我說：「萬一再考又不會，你還有勇氣繼續弄懂它嗎？」（**核目標**）

三三：「有，我會繼續努力弄懂，但是我害怕的是你會對我失望。」

我：「三三，我永遠對你懷抱希望。我不怕失敗，因為即使失敗了，你的勇敢對我而言，比分數還重要。（**心價值**）更重要的是，你知道的，不管考幾分，我永遠愛你。（**連結渴望**）」

三三安然且溫暖的笑著。

面對困境時，提升孩子的自我價值，欣賞孩子不為所知的能力，將會打開孩子的覺知，去關注自己被父母欣賞的能力。這有助於增強孩子對自我的信心，勇於大膽的嘗試與面對困境。這樣的滋養，會在不久的未來，成為孩子的寶藏，帶領孩子更全面的發展。

欣賞，是我體驗過最美好的教養方式，也是帶領孩子成長的最佳方針，在很多理論與科學研究中，都驗證過效果。欣賞，遠比打罵、責備、高壓等傳統教育，更能幫助孩子成長為有韌性、耐高壓、有毅力、勇於接納失敗的人。

錯誤示範

此階段雖為「欣賞」，但要避免「敷衍」或「沒有情感」的表達，如：「很棒！真的好棒！對啦，你很厲害！」這樣的語言容易流於形式（空有欣賞的框架，卻無欣賞的實體），是無法進入真正的用心欣賞。

欣賞必須進入事件的細節，如：「你能遵循方法，遇到不會的題目就先跳過」，也可以以情感為底蘊，如：「媽媽小時候都無法做到的事，你卻努力去實踐。我看見的你，是勇敢、有堅持力、有毅力的，願意努力付出的，我很欣賞這樣的你」，如此真心，才能傳遞出真誠的欣賞，也才可能真正抵達「用心欣賞」的領域。

心價值，藏在負向行為裡

多年前，我將欣賞灌注在家庭裡，幾年下來，發現孩子的成長有了驚人的改變。原本吝於出借東西給他人的三三，變得開闊大方，而且懂得給予，這是過去幾年無法想像的畫面。

然而，要做出一次好的欣賞，並不容易。因為過去並沒有人教我們要如何在眾多事件裡，找到值得用心欣賞的施力點。為了讓大家快速進入欣賞的領域，找到孩子的價值，只要記住一句關鍵：「心價值，藏在負向行為裡。」

換句話說，當你覺得孩子的某個行為讓你頭疼，那麼這個行為底層，就藏著孩子的正向價值，需要我們去挖掘（欣賞）出來。

我曾在前作《孩子永遠是對的》一書裡，寫過一篇〈刺穿行為下的訊息〉，裡頭提到先生喝了一口三三視為珍寶的運動飲料。當時，三三個性拘謹，對自己的事物都非常珍惜。但是三三為了成為爸爸眼裡的「乖孩子」，在爸爸的要求下，勉強自己與爸爸分享運動飲料，只為了讓爸爸感覺她是孝順的孩子。

那時，兩個女兒各有自己的運動飲料，二女兒川川的已經喝了大半，裡面還殘留許多菜渣。反觀三三，只抿了一小口，宛如新瓶。因此先生只要求三三分享，而未要求川川。

先生喝了好大一口，引來三三的心疼與反悔，而嚎啕大哭，嚷著爸爸應該買一瓶新的還她。先生聽了非常不悅，責罵三三小氣、愛計較、不願分享，不像川川那樣大方豪邁。先生甚至出言恐嚇三三，這麼小氣的人，以後休想爸爸買飲料給她。父女倆發生劇烈衝突。

當時，我將薩提爾模式導入家庭大約兩年，先生尚未受我影響而改變，依舊以過往的慣性應對衝突。

然而先生聽了我對三三行為的詮釋之後，從此對三三的行為有了認知上的改變：「患有氣喘因此鮮少喝飲料的三三，將飲料視為生命。如今三三願意將飲料分享給父親，那是她對父親愛的展現，她是最大方的孩子。」（**在負向行為中，找到心價值**）

從那之後，先生經常對三三提起此事，且常常稱讚三三當時的大方，甚至書寫成文章，與人分享。三三在先生一次又一次真誠的欣賞裡，得到巨大的愛與能量，開始樂於分享，也笑顏常掛，與人的接觸愈顯融洽。

飲料事件之後，三三的改變一直在發生，至今已四年。這四年裡，父親對她的讚許一直沒改變，而我也持續灌注各種能力的欣賞，打開三三對世界的認知，幫助三三在世俗眼光中，找到自己的正向價值。

真正的欣賞，能帶來純正的愛與能量。一個內在充滿愛的孩子，對萬事萬物都有了好奇與接納，這才是真正值得經營的教養之路。

第二部

情緒，讓它奔流

SATIR

1

釋放　讓問題跑一會兒

讓問題跑一會兒，是一種生活態度。
拉開爭執距離，小心拿捏溝通的姿態，才可能和諧對話。

天有白晝，就有天黑的時候。
浪有退縮，就有海嘯的企圖。
當親子關係從和諧，變成颶風傷人時，
你問我：該如何才能平靜以對？
我說：請讓問題跑一會兒。

當內在不平靜，讓問題跑一會兒。
當孩子有爭執，讓問題跑一會兒。
當山雨欲來，不知道指引該何去何從，
請記得，讓問題跑一會兒。

當問題跑一會兒，我們便能與問題保持距離，
不會輕易被問題捲進去。
當問題跑一會兒，情緒才有機會平穩，變得豁達。
當問題跑一會兒，問題才有機會跳脫慣性思維，
重新以不一樣的觀點，呈現它自己。

於是，讓問題跑一會兒，情緒會得到奔流與釋放，
問題會自己跑出一個方向與新標的。
於是，哭鬧的孩子會找到解決方法。
於是，煩躁的父母會重回平靜，
於是，我們才能平靜而安好的重啟對話。

如若，
我們手足無措，
我們無能為力，
我們情緒湧動，
我們看不清方向，
請記得，讓問題自己跑一會兒。

給自己喘息的機會

「讓問題跑一會兒」，用意並不是躲避問題。它的意義在於「不給彼此在情緒高張時對話的機會，讓彼此都有機會以一致性的方式表達自我」。

讓問題跑一會兒，能夠拉開爭執的距離，讓彼此保有一點安全空間，小心拿捏溝通的姿態與方式，才可能和諧對話。

在《薩提爾的親子對話》一書裡，我提出面對衝突或手足爭執時，父母不必急著介入紛爭，更不必在第一時間做裁判，可以大膽的「讓問題跑一會兒」。

許多讀者很受用，但在操作上遇到困境，來信詢問：「讓問題跑一會兒，必須父母內在非常穩定。但內在不穩定時，該怎麼讓問題跑一會兒？要執行很困難呀。」

沒錯，面對孩子的情緒，父母的內在需要非常穩定。因為父母要面對的，不只有孩子的情緒，還需要面對自己的情緒。

但不管是大人的情緒，還是孩子的情緒，若是遇到困境，都可以放手讓問題跑一會兒。與其說這是一個工具，不如說這是一種生活態度，應該隨時讓這樣的態度在日常生活中運作，使之成為忙亂家庭生活中，讓自己喘息的機會。

因此，讓問題跑一會兒，是無時無刻，是隨時隨地，只要遇到情緒上湧，或不知該如何處理眼前事物，都可以放手讓問題跑一會兒。

讓問題跑一會兒，分為兩個面向：一為自我（對內），一為他人（對外）。

底下章節，會針對自我（對內）如何讓問題跑一會兒，詳細解說，至於他人（對外）的部分，後一章節則會詳細介紹運作的順序與方式。

2 安頓自我　六大安心護法

平穩，是開啟對話的唯一道路。
鬆開執念，讓內在舒緩平穩，學習接納與安頓自己。

在自我（對內）的範疇內，「讓問題跑一會兒」時間需要多久才算完成？關鍵在於我們自身的情緒是否安穩。然而要如何安頓，才能讓自己的高張情緒安穩下來？可以透過底下六道「自我．安心護法」程序，一步步安頓自己內在。

六大安心護法

1. **覺（感覺）**：當自我「感覺」有情緒，亦即感到煩躁、生氣、悲傷等，表示內在已有情緒上升，此刻我們要將關注從孩子身上拉回，改放在自己身上，特別關心自己的狀態。

2. **知（知道）**：感覺有情緒之後，需要即刻去辨別，並且清楚「知道」那股情緒是什麼。如爭吵時，稍經辨識，便能知道自己所處的情緒是「憤怒」、「委屈」，這會帶領我們產生覺知。一旦清楚看見自己的情緒，我們便能成為情緒的主人，不會輕易被情緒操控。

3. **手（鬆手）**：覺知情緒後，理應會讓我們回到平穩的心緒。如若不行，代表情緒過於高張，即將奪取我們的意識，並且篡位而上，成為主宰。這時「鬆手」便至關重要，強迫自己在意識上或行為上「鬆手」，不聚焦於衝突，可以藉由離開衝突現場，或藉由思緒放空，帶自己遠離衝突，將自己和衝突之間拉出安全距離。

4. **允（允許）**：拉出距離之後，情緒若仍高張，則「允許」自己的情緒奔流，由自己開口引導自己：「我『允許』自己是可以生氣的。」以嘴巴理性引導內在的情緒，亦可以伴隨動作如：哭泣、怒吼、跺腳，只要不是傷害他人，都是可以允許的發洩動作。

5. **納（接納）**：允許自己可以有情緒，意味著自己是完整的人，一個完整的人勢必存在著各種情緒。在允許之後，便是「接納」這份衝撞的情緒，仍由自己引導自己，我耳聽我口的方式，告訴自己：「我接納自己是可以生氣。」這一「接納」是非常重要的一環，代表我理解、認同我自己。此刻若能配合深呼吸，就更能達到感受與理性合一的狀態。

6. **心（用心欣賞）**：此步驟與「聽核心」的「心」為同一精神，只是欣賞的對象從孩子，改為自己，自己給自己欣賞，例如「我欣賞自己即使生氣，也沒有放棄和孩子溝通」、「我欣賞自己是個勇敢面對困境的媽媽／爸爸」。

透過上述六道安全閘門，讓情緒自己跑一會兒，也讓自己與孩子都安全的下莊。不在情緒高張時對話，是情緒來時最重要的守則。而平穩，則是開啟對話的唯一道路。六道安心護法的閘門，隨時都可以啟動，讓自己脫離情緒勒索，不讓情緒影響生活品質。

而此六道程序，依事件大小，依狀況使用，不一定按照順序操作，也不一定六道閘門全部啟動，可依照需要挑選自己適合的安全閘門。但初期為了熟悉脈絡、養成習慣，建議最好按照順序練習，直到熟練後，可依照需要，在適當時機提取使用。

實例：面對遺失東西的失落

在自我安定的護法習慣尚未養成前，練習無所不在，隨時都可以啟動，不必執著於親子衝突時才練習。

某天中午我出門辦事，回程路上，發現防疫用品隨身酒精瓶遺落在中午吃飯的餐廳裡了。

我年幼時，家中並不富裕，養成珍惜微小事物的個性。一發現酒精瓶不見，我立刻折回餐廳。無奈酒精瓶仍舊找不到，也許是其他用餐客人拿走了，也許是我遺忘在別處。無論如何，我仍微笑感謝老闆願意開門讓我尋找失物，道謝之後我旋即離開餐廳回家去。

回家路上，捷運到站，我走出站外看見天雨濛濛，這才發現一路握在手裡的折疊傘也不見了，連丟在哪兒都不記得。

小酒精瓶以及折疊傘，都是我非常喜愛的物品。兩樣小物在同一天失去，我內在立刻湧起失落感。

如何面對「失落」，這個議題對大人而言很不容易，孩子就更需要學習。日常生活中隨處可遇到這類「情緒」情狀，在感覺不舒服時，啟動安心護法，練習與自己對話，步驟示範如下：

1. **覺**：我感覺到我有一股情緒。
2. **知**：我能清楚知道這股情緒是……失落（告訴自己：酒精瓶和雨傘不見了，我很失落）。
3. **手**：藉由哭泣、嘆氣，或其他行動，將自己原本固執於失落的心情鬆開（我深吸一口氣，隨即又嘆氣）。
4. **允**：告訴自己，我允許自己是可以失落的（告訴自己：我允許自己失落）。
5. **納**：接納自己的失落（告訴自己：我接納自己是可以失落的）。
6. **心**：欣賞自己（告訴自己：我欣賞自己是個重感情之人，在還擁有酒精瓶與雨傘時，也非常努力珍惜。即使現在失去了，也改變不了我對微小事物感謝與珍惜的心意）。

日常生活，處處可以練習，只要感覺有任何情緒揚起，不管湧起來的情緒是什麼，都可以藉由自我的安頓程序，回應情緒，讓內在舒緩平穩，學習接納與安頓自己。

自我・安心護法：覺知手，允納心

六道閘門	目的	操作方法
覺（感覺）	感覺情緒升起	將注意力放在自己身上，特別關注自己的狀態
知（知道）	辨別情緒	即刻辨識情緒，當情緒的主人，不讓情緒操控
手（鬆手）	放鬆高張的情緒	離開衝突現場，或放空思緒，與衝突之間拉出安全距離
允（允許）	允許情緒奔流	開口引導自己發洩內在情緒，允許自己哭泣、怒吼、跺腳，但勿傷害他人
納（接納）	接納自己的情緒	接納自己有各式各樣的情緒，可配合深呼吸，讓感受與理性合一
心（用心欣賞）	給自己欣賞	欣賞自己，即使有情緒，仍能面對困境，不放棄溝通

實例：面對未知懲罰的焦慮

當我們安頓自己的同時，也正在為孩子做出示範。

一天晚上，我開車帶兩個女兒去吃飯，車就停在餐廳所在的社區大樓門前。停車時，有個婦人一直站在我的車前指指點點。我還在車內，聽不太清楚她為了何事，只知道她的嚷嚷引來社區管理員關注，最後連社區總幹事都出來了。

原來，婦人指認我停車時，撞歪了一旁的鐵柱。我下車察看，發現鐵柱真的歪了。只是我在停車時，絲毫沒有感覺任何撞擊力。

指認我撞歪鐵柱的婦人將問題拋出後，就離開了，留下社區管理員、總幹事和我處理後續。

我向總幹事表示抱歉：「不好意思，餐廳的工作人員指示我到這裡停車。鐵柱看起來真的像是我撞歪的，但我剛剛停車時，沒感覺有撞到鐵柱。如果真是我撞歪的，汽車的板金應該會有刮痕，但車子並沒有刮痕。」

總幹事一聽，覺得有理，認真察看我的車子，確實絲毫沒有刮痕。

總幹事為了達到公正，詢問一旁的管理員：「你親眼看見車子撞歪鐵柱？」管理員搖頭表示沒看見。

總幹事請我先帶孩子去吃飯，回頭他請管理員調監視器畫面來看，若真是我撞壞，再來協調該如何處理。

我也表達若是我撞壞的，我願意負起賠償責任。

就這樣，把車子撞歪鐵柱的事情暫放一旁，我先領著兩個孩子去用餐。

進了餐廳，兩個女兒不停的問我：

「媽，怎麼辦？」

「媽，你會不會很擔心？」

「媽，你現在心情很不好吧？」

「媽，等一下我們怎麼辦？」

看來兩個女兒面對此事，比我還要焦慮，還要無助。

其實不只女兒，我自己也挺擔憂的。雖然我相信自己的直覺，應該沒有撞到鐵柱，但婦人言之鑿鑿，眼前的事實可畏，我的直覺也開始動搖，擔憂是不是自己真的撞壞鐵柱。

有了這些思緒，進入餐廳時，我也開始自責怎麼這麼不小心？也開始擔憂吃完飯恐怕就要面對高額的賠償了。

腦袋裡充斥著這些想法，不多久就感覺內在升起一股焦慮，深深影響我的心情，使我無法充分享受晚餐該有的愉悅。

由於我熟悉自我安頓的程序，因此感覺情緒來時，我立刻啟動「允許」和「接納」兩道程序，內在就相對安穩多了。

我藉由幾次呼吸，告訴自己：我允許自己是可以焦慮的，也接納自己焦慮。接納自己的情緒之後，明白結果不會因我的「焦慮」，而有所改變，我需要承擔的最壞結果，不過就是賠償損壞鐵柱的費用，而那本來就是我（肇事者）所應該承擔的責任。

明白這之間的道理後，我不再與擔憂為伍，因為擔憂的情緒，並不會為我帶來什麼益處。鬆開執念，擔憂的情緒也自然放下。

我決定先好好吃頓飯再說，反正該來的總會來。

吃飯的過程中，我是平穩的。反觀孩子，依舊緊張焦慮，時不時的安慰我、問我現在心情如何？惹得我不停大笑。

我因為心情平穩，因而有能力引導孩子如何面對情緒。

我：「你們都很擔憂媽媽是嗎？」

三三：「對啊，他們叫媽媽賠償，我覺得好可怕。」

我：「你說他們說話的樣子很可怕，還是我要賠錢很可怕？」（核對）

三三：「都很可怕，賠錢比較可怕。」

我：「你擔心媽媽要花大錢賠償呀，謝謝你這麼關心媽媽。但是媽媽已經決定了，等到要面對問題時，再好好處理它，到時再擔憂就好。否則，萬一他們告訴我，鐵柱不是我撞壞的，根本不需要賠償，那豈不是白白浪費一頓美好的吃飯時光，還賠上自己的擔憂。」

三三聽了笑開了眼：「對耶！」

孩子們覺得頗有道理，學習放下擔憂，安穩的吃了一頓飯。

飯後去開車時，監視畫面還原了現場真相，我果然沒撞到柱子。鐵柱在我到場之前就已經歪了，因此無須負擔任何賠償。還好晚餐時光我選擇鬆開焦慮（手：鬆手），好好享受美食。

孩子們立刻說：「媽，還好我們沒有一直擔心耶！不然損失大了！」

將擔憂花在根本還不存在的事物上，確實不必要。事情總會來，當問題真正來臨時，再勇敢面對，也不失為方法。

面對與承擔

透過上述兩個生活實例，可以清楚看見，「自我安定」程序是如何幫助自己從情緒的控制中掙脫，並且讓自己重新成為情緒的主人。

細心的讀者可能已經發現，第一則「面對遺失東西的失落」，以及第二則「面對未知懲罰的焦慮」的例子裡，除了自己回應自己情緒，是平穩情緒的不二法門之外，兩件事其實還有個相同之處，那就是最大的關鍵，在於「面對與承擔」。

當我面對停車失誤，等待最後結果來臨前，我已然在心裡決定面對它，承擔起損壞的責任。這是事情最壞的結果，我都願意承擔賠償了，還有什麼好擔憂的？

而心愛的酒精瓶與折疊傘丟失之後，我湧起失落的情緒。但面對失落，我同樣承擔起「東西不見的後果」，那便是我往後都無法擁有它們的陪伴了。

因此，我在心裡做了小小的告別，我對心愛的小物說：「我不小心把你們弄丟了，我挺懊惱的。你們都是我很喜歡的小物，把你們弄丟了我很自責，以後再也見不到你們了。但我很謝謝你們陪我走了這麼一段愉快的時光，幫助我許多。」

當我誠懇的向物品告別後，等同於承擔了「後果」，更接納了「失落」的情緒，自然而然就面對了「失落」。

穩定內在，是溝通時唯一的要件，深深影響溝通的品質。

當自我內在穩定，無論外界的風暴多麼猛烈，都不能動搖心智，這才可能開啟一致性的溝通。若自身穩定不足，寧可讓問題多跑一會兒，也不可貿然處理孩子的情緒，否則只會帶來更大的情緒風暴。

3 安頓他人　陪跑界諧星

當孩子情緒湧起時，我們只要當一個陪跑界的諧星，做孩子的情緒陪伴就對了。

個人的內在穩定，可以仰賴「覺知手，允納心」這六道安心護法，適時的「讓問題跑一會兒」，就能安頓內在情緒。當情緒平穩之後，才能替為情緒所苦的孩子做出良好示範。

若湧起情緒的不是自己，而是他人（孩子），該如何陪伴他人度過高張的情緒，是這個章節所要談述的內容。

此章節有幾個工具可以學習。但在學習工具之前，學習者須先理解何謂「教養的系統思維」。因工具運用時，都海納於系統思維之中，包含看待孩子的方式、姿態、觀點等，以此做基礎，所展開來的陪伴孩子的工具，才能發揮最大功效。

何謂「教養的系統思維」，簡單說，就是看待孩子的目光，愈豐富愈好。

欣賞孩子的獨特樣態

初春某日午後，我在河岸散步，偶然遇見一隻白貓。我看了白貓一眼，心裡對牠微笑與讚嘆，是一隻很美的貓呀。

白貓彷彿與我有和善的感應，優雅的走到我腳邊，以親近信賴之姿，在我腳下磨蹭、翻滾、呼嚕。

我挺直身軀時，與貓的距離是很遠的，為了看清楚貓，我幾乎以蹲伏的姿態靠近白貓，臉頰幾乎要湊到地上。

我拿出手機，想與白貓拍張美好的合照。

最後，我拍了數十張，白貓不是以屁股對鏡頭，就是用尾巴掃過我的臉，不然就是埋頭舔拭自己的毛，始終拍不出我眼裡的牠的漂亮。

雖然沒有拍到我眼裡的牠的樣子，但我卻依然喜歡牠。因為牠是那麼的獨特，那麼的優雅，那麼的與世無爭，因此我無論如何也不可能因拍照不順利而厭惡牠。

這不就是養育孩子的過程嗎？

面對孩子，我們得蹲伏。處理孩子問題時，一如與白貓拍照，無論怎麼處理，可能終究得不到好結果。然而這絲毫不影響孩子長成一個獨立、負責，而且具有自己特色的人。

如果父母願意蹲伏身子，貓著身軀貼近孩子，欣賞孩子的獨特，我們的思維將因此而有重大改變。

二女兒川川升上小一時，某日放學回家後，本該是寫作業的時間，川川卻一直無法專注，東摸西扯分心極了。我提醒她注意時間，數次之後仍無法警覺。一個小時過去了，她只寫了一個字。

沒多久，姊姊三三走出書房，來到我面前說，她的功課寫完了。我習慣性的欣賞三三：「你很認真，我很欣賞你，這麼快就完成作業，可見你的專注。」

這句話，有一半是說給三三聽，一半自然是說給川川聽的。沒想到川川不但沒反應，還淡淡回嘴：「哼，我知道你是說給我聽的，但我一點都不嫉妒，也不羨慕。」

我看著川川，如同看著白貓，嘴角不由自主上揚，最後朗聲大笑，大大的稱讚川川的幽默與氣度，欣賞川川的應對姿態。

教養的系統思維（目光豐富）沒改變以前，我肯定臭罵川川一頓，「不知道努力向上就算了，還好意思頂嘴，簡直無可饒恕！」

然而現在，我貓著身子，蹲伏在川川身旁，以仰望的姿態來看川川時，我發現川川真是可愛極了。

姊姊寫完功課而川川尚未完成，按理川川內心會有極大壓力。此刻再聽到我稱讚姊姊，應該會更爆炸才對。然而她卻以幽默化解壓力，帶著具有「創造性」的天賦來面對困境，這是多麼得天獨厚的優勢。

此刻的川川，一如我在河岸看著的白貓，是那樣優雅而獨特，她正長成屬於自己的獨特樣態。

這便是傳統思維「這是什麼態度？」，與教養的系統思維「這是孩子發展自己的獨特能力」最大的不同之處。

只要我們願意蹲伏下來，以仰望的目光看孩子，任何細節都將因此偉大起來。再微小的幸福，也能從貓著身子過生活的方式，漸漸擴散開來。這便是轉換系統思維的教養之道。

有了系統性思維的教養觀念做基礎，我們才有陪伴孩子走過情緒的能量。

情緒教養五大核心

當孩子的情緒湧起風暴時，謹記口訣：「陪跑界諧星」五大陪伴步驟，父母可以更順暢的面對孩子的情緒，也更能協助孩子重新面對困境，走過情緒風暴。

「陪跑界諧星」口訣幽默好記，簡單意思為「當孩子情緒來，我們只要當一個陪跑界的諧星，陪伴孩子的情緒就對了」。

其中「諧星」，取其「協心」諧音，為了方便記誦而有所調動字句，真正意思與意義，詳介如下。

1. **陪（真誠陪伴）**：陪伴，是教養孩子成長的雄厚基礎，當孩子情緒湧起時，只要陪伴者的內在是穩定的，以對話工具「聽核心」做為基礎，引導孩子面對情緒。

2. **跑（讓問題跑一會兒）**：當孩子內在被情緒充斥，成了一頭情緒怪獸，陪伴者可以大膽放手，與孩子保持安全距離，讓孩子的情緒奔流一會兒。

3. **界（劃定界線）**：孩子若慣用情緒哭鬧來索求事物，長久下來可能演變為情緒勒索。當孩子情緒奔流之後，就是為孩子說明界線（規範）的時刻，讓孩子清楚知道，有些事即使哭泣也必須遵守，無法越界。

4. **諧（協，目標協商）**：諧，乃為方便記誦而取諧音字，本意為「協」，也就是「協商」。當孩子情緒稍微平穩，清楚界線後，父母可針對眼前的困境，透過對話引導孩子，展開目標性的協商，共同找出彼此都能妥協或認同的方法，越過困境。

5. **星（心，用心欣賞）**：星，也是為方便記誦而取諧音字，本字為「心」，也就是「用心欣賞」。這是所有對話結束前，絕佳的結束語句。只要善用欣賞，孩子更有能量面對挑戰。

情緒教養的五大核心，實際在生活中該如何運作？底下按照五大核心的出場順序，搭配實際生活衝突或案例，運用的方式詳細介紹。

陪：真誠陪伴

孩子的理智與控制力不如大人來得成熟，因此在他們成為情緒怪獸時，陪伴他們走過情緒壅塞期，是大人的責任。

此處陪伴的時機，指的是孩子還沒受情緒主宰、成為情緒怪獸之前，理智尚存的微妙時光。在這一階段，孩子的理智還沒被情緒淹沒，尚有對話與聆聽的能力，父母若能把握這段風雨欲來的情緒醞釀期，給予高質量的對話陪伴，將會避免許多不必要的情緒風暴。

一天晚上睡前，五歲的小兒子一一突然難過的對我說：「媽媽，每天早上都是爸爸叫我起床的，都不是你來叫我，我很難過。我也想要你叫我起床。」

一一表達的情緒是「難過」。這是孩子經常會遇到的情緒。孩子的難過，大人該如何回應？

檢視一下底下幾種常見的方式，我們的慣性回應是否也在其中？

1. 好好好，明天我一定叫你起床。
2. 唉唷，這麼小的事情也要難過，那其他事不就天要塌下來。
3. 你還有臉說咧，我叫你你都不起床啊。
4. 我有叫你耶！但是你說要再睡一下啊。我是聽你這樣說才讓你繼續睡，真的是好心被雷親。

5. 爸爸叫也很好啊，爸爸也很愛你耶！
6. 媽媽早上要忙的事情很多，爸爸只是想幫媽媽的忙。

這是孩子一個很小的難過情緒。然而，上面這幾種方式，都不是在回應「孩子的情緒」，而且由於說話的姿態與內容，都可能引發孩子更大的反彈情緒，情緒風暴可能因此席捲而來。

當孩子說：我很「難過」，因為「早上不是你來叫我起床……」，這句話裡就包含了情緒和事件。孩子想要表達的是「情緒」，而非事件，一旦我們都在回應孩子所說的那個「事件」，因而忽略了主要的情感訴求，便是間接示範了「逃避」或「打岔」的姿態。

對話，好比傳接球的遊戲。當別人傳來「情緒」，我們卻回傳回去「事件」，我們與孩子永遠也不會在同一個遊戲裡。久而久之，孩子也學會不靠近自己的「情緒」，任由情緒在內在衝撞，最後演變為行為的衝撞。

「孩子怎會變成這樣？情緒怎麼這麼大？」這是許多父母的心聲。

孩子成為情緒猛獸的理由很簡單，因為從來沒有人教孩子應該如何面對情緒。可能連大人自己也不知道該怎麼面對，因此無法在日常生活中為孩子示範面對情緒的語言、行為。而當大人表現出來的，都是「打岔」或「逃避」的情緒，孩子當然也學會不靠近情緒。

大人之所以會迴避孩子的情緒，是因為過往的教育讓大人認定難過、孤單、哭泣、憤怒等情緒，都是負向行為，久而久之也造成孩子對情緒有錯誤的認知。

教導孩子情緒，最好的方式就是父母身體力行，並且回應孩子的情緒。

該如何對一一「難過」的情緒，做出最好的陪伴呢？

只要記住「情緒，是為了更美好的事物而存在」，我們看待孩子情緒的眼光，就能更豐富，姿態也將更柔軟。

而語言的陪伴，在對話脈絡的「聽核心」精神之中，可以完全表達出父母「陪伴」的心意。

因此面對一一這句話：「我很難過你都沒有叫我起床」，我看到的是難過的資源。一一希望藉由叫他起床這件事，與我有深一點的連結。這是他為了與我更靠近，所衍生出來的情緒。（**心價值**）

我問：「我沒叫你起床，讓你很難過是嗎？」

一一：「對。」

我：「讓你難過真抱歉呀！媽媽不知道讓爸爸叫你會讓你難過。」

一一：「嗯。」

我：「我沒叫你會讓你覺得媽媽不愛你嗎？」

一一：「會，因為你有叫姊姊。」

我：「原來是這樣呀。媽媽很愛你，明天我一定會叫你起床，不讓爸爸叫你了，這樣好嗎？」

一一：「好。」

我：「明天換媽媽叫你，你心情有好一點嗎？」

一一：「有。」

我：「很高興你告訴媽媽你難過的事，這樣媽媽才知道你的想法。」

一一：「媽媽我愛你。」

我：「媽媽也愛你。」

真誠的陪伴，過程中亦運用「聽核心」對話精神，使日常對話有了溫度，既回應了孩子的情緒，也做出了陪伴，更從中傳遞了愛，也連結了彼此。這便是「陪跑界諧星」裡，第一大核心要素：「真誠的陪伴」。

跑：讓問題跑一會兒

當孩子的心智被情緒淹沒，理智被主宰，行為上也會以哭鬧、搥打、跳針、口出惡言等暴烈形式呈現。

此時父母不用急著解釋或想用蠻力扳回一城，只要先護住自己的內在，穩定心緒（可參考前章「自我安心護法」），照顧好自己的內在之後，就可以大膽放手，讓孩子的情緒奔流，讓問題跑一會兒。

如果在放手之前，父母還有能力，可以多做一道「送出關心與愛」的程序，再放手讓孩子的情緒跑一會兒，親子之間就能達到更好的連結。

一一四歲時的某個晚上，我聽見客廳傳來一一和姊姊川川的爭執聲，接著聽見孩子的爸爸大聲說了句：「一一不可以！」接著，一一就邁開腳步咚咚咚的跑來廁所找我，抱著我的左大腿，厲聲哭泣。

我不知道發生什麼事，只得拍拍一一，對他說：「你哭得這麼傷心，是因為被爸爸罵，所以你很難過，是吧？」**（核對）**

一一點點頭，一臉委屈。

沒多久，川川也來了，看到一隻大腿已經被弟弟搶先抱走了，只得擠進來，抱著我的右大腿，也大聲哭著：「媽媽，弟弟打我。」

原來，一一拿畚箕打姊姊，爸爸看到當然厲聲制止，一一因此哭泣。只是這厲聲制止，讓一一感覺很委屈，因為他原本想拿掃把，但是姊姊不給，他只好生氣的拿畚箕打姊姊。

這個事件，兩個孩子都有各自的委屈。川川自然委屈大些，因為她不只被搶，還被弟弟狠狠的打了，我用了些力氣攬著川川，安慰她。

為了完全擁有我的愛，川川突然要求抱抱。我想了一下，把手邊的事先簡單處理完，騰出一會兒時間，才把她抱起來。

這一抱，一一居然仰著頭，也提出要求：「媽媽抱抱。」

我抱了一會兒川川，放下川川後，也抱了一會兒弟弟。

我覺得自己在「行為」上甚是公平，但不管自己覺得再怎麼公平，對孩子而言，都無法達到真正公平。

川川很不滿意的大聲嚷嚷著：「不公平，媽媽只抱我一會兒，卻抱弟弟那麼久，不公平。」

我：「哦？」

川川：「你不公平，你只愛弟弟，不公平。」

「不公平」這句話，一整個晚上都跟在我耳邊，跳針似的不停反覆播放、迴繞，即使我再度給了川川擁抱，也無法抹平她心中的委屈與不公平的感受。

川川不停哭鬧，如壞掉的唱盤，她的哭聲一直在我腦子裡跳針般泣訴。

我看著她，對她這句「媽媽不公平，對弟弟比較好」沒什麼生氣，反而覺得心疼。**（自我安定）**

我問川川，從什麼時候開始覺得不公平？

川川訴說上一次弟弟生病，我都抱著弟弟，卻都沒有抱她，她內在有了比較的心情。再細細一問，她提及弟弟剛出生，那時她還沒長大，我也都沒抱她，只抱弟弟，所以她覺得很不公平。**（聽事、聽情）**

我知道，這些細訴都是表象，表象連結內在冰山，是渴望的層次未得到飽足，內在缺乏愛所導致。由於我內在穩定，能明白川川冰山底層的訊息，因此能接納她的說法。儘管我不認同，但我無須辯解，因為再多的辯駁對川川而言都是多餘的。原因是，川川內心的傷不是靠辯解就能解決。她只是想告訴我，她渴望被關愛，藉由擁抱來感受自己是被愛的。

我身處川川的情緒風暴之中，藉由自己穩定的力量，誠懇的告訴她，也許媽媽做得不夠好，沒讓她覺得被愛，但是請她相信，在媽媽心裡是非常非常愛她的。

我當時在床上，伸出雙臂，表達想抱抱她的心情。不過川川持續鬧彆扭，覺得躺著抱抱仍舊不公平，需要站起來抱高高的那種抱，才是公平的。

我因沒辦法做到她的要求而拒絕，川川因此繼續悲泣，憤怒的埋怨我只愛弟弟和姊姊，都不愛她，無限輪迴跳針。

我沒有隨著川川的指控起舞，我送出對她的愛與關心（讓問題跑一會兒之前，送出愛的訊息），表示我雖然做得不夠好，但我真的是愛她的。

此後，我便靜靜做著自己的事，讓川川的情緒持續奔流，不再回應她的指控。

不知道過了多久，川川跑出房門和弟弟玩，玩到我已疲累的躺在床上迷濛的昏睡著，她卻悄悄回來了。

我感覺她躡手躡腳的上了床，輕輕依偎著我，並且輕輕的親吻了我的臉，一次不夠，又親了一次，見我沒反應，又親了我的嘴唇。

我抬起手，摸摸她的頭。

川川：「媽媽對不起。」

我：「嗯？對不起什麼呢？」

川川：「剛剛我說的那些話。我不該說那些話的。」

我：「那些話怎麼了嗎？」

川川：「那些話不好聽，讓媽媽很傷心，媽媽對不起。」

我：「是啊，媽媽是有些傷心，因為媽媽很愛你。」

川川：「媽媽，我也愛你。」

在愛的表達中，川川和我和解了。

讓問題跑一會兒，讓情緒盡情奔流之後，父母的平穩，就能織起一面澄澈的鏡子，映照出孩子失控的行為。透過這面鏡子，孩子就能看得更透澈，反思與反省也會因此而啟動。

一如川川，從反覆跳針的情緒風暴中回穩之後，意識到自己可能讓媽媽傷心了，立刻前來與我做出連結，藉此回應我送出的愛。

這就是「讓問題跑一會兒」的用意，孩子會在父母穩定的示範中，得到省思的能力，也長出連結彼此的能量。

界：劃定界線

當孩子離開情緒風暴，不再是一頭情緒的怪獸，代表理智與理解力也恢復了。在這樣的條件下，父母才能進入對話，與孩子商談。

孩子的理智恢復，從情緒風暴中回穩，首要跟孩子談的，便是界線與家庭規範。因為唯有在界線內，親子關係才能保有彼此的安全，相互得到最大的自由。

所謂界線，狹義來說，就是個人生存的安全界線。也就是即使再怎麼親密的人，也需要有清楚的界線，彼此不觸犯對方的禁忌，並且保持一定的安全距離，人與人之間的相處，也才可能融洽。反之，一旦有人越過界線，就代表蓄意破壞安全距離，尊重蕩然無存，衝突也將會因此而起。

而廣義的界線，則是將個人的界線擴增放大，安置於群體、體制、學校、機關、國家內，我們可稱之為規範。

換句話說，人與人之間有界線，家庭內有家規，學校裡有校規，社會有倫理道德，國家內有法律，這些都是從界線一路擴大因地制宜的規範。每個人都得學習尊重不同社群及團體的規範，才能獲得最大自由，否則自由氾濫，主權膨脹，戰爭將四起。

個人界線如何制定，往往與原生家庭的教養息息相關。例如原生家庭的教育對時間要求嚴格，面對他人遲到，可能就會升起不被尊重的感受。

個人的界線，隨著步入婚姻，也會將原生家庭的規範，帶入新組成的家庭，成為新的家庭文化與規範。而如何在情緒風暴中，向孩子重申家庭的規範與界線，讓彼此獲得基本的自由與權利，更是重要的教養核心。

養成家庭規範的基礎，無疑是建立在「父母自身的穩定度」上，父母的情緒穩定度愈強大，家庭規範的效力愈高，孩子遵守的意願也就相對愈高。

以我與川川的相處為例。

已經八歲的川川，情緒一直是我關注的課題。

川川從兩歲起，情緒總是來得又快又凶猛，不是零就是一百，沒有灰色地帶。她從不拖泥帶水，不小心引發情緒火焰時，就宛若發狂的奔牛，誰擋在她面前，她都會不顧安危，毫不留情面的憤怒衝撞。

在川川還無法學會自主控制情緒之前，每每她情緒湧起的當下，我能做的，就是「讓問題跑一會兒」。

在日常生活中，我經常在許多地方留白，讓彼此都留有轉圜的餘地，也讓彼此的情緒跑一會兒。即便是在空間狹小的車內，也依然會放手讓問題跑一會兒。

今年暑假前夕，我與先生帶著三三、川川兩姊妹去演講場合工作。回家時，姊姊三三突然開口問：「可以去買禮物了嗎？」

禮物，是爸爸事前答允孩子的，條件是只要願意在爸爸演講時，勇敢上台說一則故事，就能領取獎勵。

姊姊在前往演講場地的路上，努力按照爸爸的要求，反覆的練習。川川則是練了一次就拒絕再練。

川川當時說：「我練一遍就好了，剩下的我自己在心裡練，上台的時候應該可以說得好。」

然而爸爸有自己的堅持，要求川川得多練幾次，直到爸爸認定已經達到上台演說的標準才行，否則無法允許川川上台。父女倆在車子裡相持不下。

不過登台的決定權在爸爸身上，因此演講時，爸爸只邀請三三登台，講述了一則自創的「包包的故事」。至於川川，爸爸沒有邀請她上台。當下川川不覺得有什麼，畢竟上台頗有壓力，能不上台也樂得輕鬆自在。

然而回程時，當川川聽到姊姊可以得到獎勵，而她什麼都沒有，她的情緒立刻湧上來，瞬間在車子裡爆炸開來。

川川狂吼、爆怒，還夾雜著哭泣與尖叫：「我也有練習，為什麼爸爸不叫我上台說故事！」

爸爸回答：「因為你只練習一次，我請你多練幾次，你不願意，所以就喪失上台的機會。」

川川憤怒道：「那我不就白練了嗎？剛剛的練習我算什麼！」

她的情緒引發諸多暴烈的舉動，川川在車內跺腳，踹前頭爸爸的椅背。

我開著車，靜聽川川情緒的風暴，以及觀察先生的應對。

爸爸有點動怒：「好，你可以生氣，沒關係！」

爸爸說完後便安靜下來，靜聽川川的嘶吼，感覺得出來爸爸正在極力的穩定心緒。然而川川並沒有因此而減緩撕裂的舉動，情緒反而更加激烈。但不管川川如何尖叫嘶吼，爸爸都不再言語刺激。

以情緒來處理情緒問題，只會得到更大的情緒爆炸，永遠解決不了問題，因為孩子為了生存，勢必以更高強度的情緒來對抗。此刻爸爸選擇靜默，無疑做了很好的示範，讓問題跑一會兒，藉此安頓自己的內在，沒有怒吼，也沒有壓迫，更沒有被川川的情緒捲入。

川川在車內掀起的情緒風暴，來得又快又猛。車內的三三、爸爸，以及我，都靜觀這場風暴，沒有人貿然的跳進去，也沒有人企圖解決川川的情緒問題。此時，先讓問題跑一會兒，將問題拉遠一些來看看車內這四個人的關係，川川的情緒風暴在外，我們的內在卻是安定。

在安定平穩的心緒中，我便能以豐富的眼光看待孩子。我看到的是，川川雖然在情緒風暴中，但她如此認真的憤怒，難道不也是一種努力？為沒有得到上台機會懊惱？我清明的看見川川冰山底層的訊息及資源。讓問題跑一會兒，才能緩和出空間、時間，以及情緒，才能接收準確的訊息，做出準確的判斷。

想在孩子的情緒風暴中看見孩子的資源並不容易，這完全取決於父母的穩定，以及日常生活中是否有充分培養豐富的眼光。

當孩子生氣，自然會引起「生氣」的情緒，若父母不自覺的用「生氣」的情緒看待孩子，那麼無論孩子表現出來的是什麼，我們看到的都只會是「生氣」。而這個生氣，並不是孩子的情緒，而是我們自己的情緒。

要如何在孩子情緒湧起時，看見孩子的資源？

情緒教養五大核心的第二項「讓問題跑一會兒」，如若能發揮得徹底，與情緒的戰火離得夠遠，我們便不會輕易被捲進去，才有機會看見孩子情緒下的資源。

由於我的內在是平穩的，才能在川川情緒風暴漸息的風口，找到對話的契機。開口對話的原則為，「以貼近孩子的內在為主軸，以不牴觸家庭界規為方圓，與孩子以『聽核心』的精神進行對話」。而「界規」（界線與規範）便蘊含在此目標下。

我：「已經練習了一次，卻不能上台，真的很令人生氣又悲傷，是吧，川川！」

（核：複誦）

川川從我的話語裡感覺到被理解，情緒瞬間鬆懈大半。她的情緒鬆綁之後，比較能聽得進我的聲音。

我：「川川，練習一次卻沒有上台，任何人都會感到生氣，你確實是可以生氣。但這不代表你可以傷害別人，更不能踢椅子，這是不對的。」**（界規）**

這句話裡清楚表達我的界線，以及家庭規範，我簡稱為「界規」。界規是屬於理性世界的產物，因此非理性時刻，很難將它帶入，只有在孩子情緒稍緩，內在感受被貼近時，才有可能在適當時機帶進來。

在帶入界規之前，我仍然願意理解她情緒噴發有其正當理由，因此雖然川川情緒仍然高張，但她在聽完這句界規時，也只是輕微抗議：「可是我生氣啊！我不開心，我也要禮物。」

從川川的回應裡，我清楚知道，她已從毫無理智的情緒中走出來，已然明白家庭規範與界線。儘管她還有怨言，但那是在期待上未得到滿足所致。川川的行為，隨著理性恢復而有所收斂。此一階段的目標，也柔性的達成了。

這一階段對話要注意的是：「傳達出來的訊息與姿態，須時時刻刻貼近孩子，在孩子的感受上工作」。這是對話者最難學習的地方。既要照顧孩子內在，又要孩子回到界規下，姿態的拿捏要更為穩定。

諧（協）：目標協商

孩子回到界規的理性範疇後，下一階段便是親子該面對困境與衝突，為此展開協商的時刻。畢竟親子關係不能一直摩擦耗損，未來仍然會遇到與此雷同的問題，必須為下一次做準備，協商出彼此都能接納的方法與目標，父母才能陪伴孩子成長，孩子也才能在家庭的界規與父母愛的滋養下茁壯。

孩子的情緒與行為該依歸何處，遵循的目標為何，是此階段情緒教養的要點。因此，這一階段的「目標協商」會與對話中的「核目標」交互運作，可以更確立親子應對困境的方向。

至於協商展開的時間點，端看孩子狀態而定。若孩子已經從情緒中走回理性，如川川從情緒暴走中回神，便可以進入協商。

不過這次面對川川情緒的困境，並不是發生在我與川川身上，而是發生在爸爸與川川的認知有所不同而產生。面對自己不是主事者的衝突，想要在對話裡做出協商，有個對話觀念不能不牢記，那就是「一鏡多橋」的溝通關鍵。

「一鏡多橋」的意思，就是一面鏡子多道橋，用白話解釋就是：單獨與一人對話時，引導對話者，只需要靜心的做一面鏡子，用心反射聆聽來的問題，不需要解決問題。若多人參與對話時，引導對話者，則需將自己視為一座橋，只須接引兩岸或多岸的人走向彼此即可，謹記不去介入問題，也不幫忙解決問題，更不可去幫他人回應第三者的問題。

以川川為例，在引導川川與先生走向彼此的過程，我是一座橋。我只需牽引彼此，善盡橋的特質：站穩橋墩，承載孩子的重量，成為孩子重要的支柱，陪伴孩子穩穩過橋即可。

我：「川川，我跟你一樣很困惑，為什麼你明明已經練了一次，爸爸卻不讓你上台，你知道原因嗎？」**（鏡子反射問題）**

川川：「我知道啦，爸爸說我練不夠，不能只練一次。」（覺知）

我：「爸爸，是這樣嗎？」（橋，引渡問題）

爸爸：「對，只練一次怎麼可能上台。我如果讓她上台，就太不尊重自己和聽講的人了。我需要她練習多一點。」（界規）

川川聽了有情緒，卻不似之前那樣的狂風暴雨，只是發出唉唉哼哼的聲音，相較之前生氣跺腳，力道明顯小了很多。

我：「可是川川有努力。她真的很想上台，對不對，川川？」（核目標）

川川：「嗯。」（被同理）

我：「川川，你這麼勇敢，這麼想上台，我很欣賞你的積極。只是爸爸說不能只練一次就讓你上台，為了上台，你以後願意多努力幾次嗎？」（核目標）

川川：「嗯，可以。」

我：「那……爸爸，你能不能告訴我們，是不是只要你每一次叫我們練習，我們只要有練習，就可以上台？」（核目標）

爸爸：「當然！」

川川抗議：「可是有時候我也有練習很多次，爸爸最後卻忘記叫我上台，爸爸很壞。」（陷入情緒的指責）

當孩子開始陷入情緒的語言，此刻引橋人需要藉用自身的穩定，以及心價值的能量，重新領會孩子的話語，並且以豐富的眼光，看待孩子的訊息，以豐富的語言重新詮釋孩子的語意。

我：「對耶！這種事好像常常發生在爸爸身上。不過爸爸不是壞，是記性不好，他應該不是故意的。但如果真有那樣的情況，該怎麼辦，爸爸？」（橋，引渡問題）

爸爸：「對，有時候爸爸會忘記，那就是爸爸不對。如果你有練習，最後爸爸卻忘記叫你上台，錯不在你。所以爸爸一樣會給你獎勵，送禮物，這是你應得的。」

（制定界規）

我：「所以我們只要在爸爸叫我們練習時就趕快練習，練到爸爸說可以，不管最後有沒有上台，我們都可以有獎勵，對嗎？」（核界規）

爸爸：「對。」

我：「這樣我和川川就清楚了。川川，這是你想要的方式嗎？」（核目標）

川川：「嗯，可以。」

我：「太好了，以後只要想上台，川川就用『練習』來告訴爸爸，不管最後有沒有上台，都可以得到獎勵。這樣我們就知道要怎麼努力了。」

川川此刻的情緒已消失於無形。在短暫的對話裡，她既得到了理解與貼近，又得到她想要的目標，並且理解「有練習才能有獎勵」的規範，下一次她就能為此而更加努力。有了明確目標，協商的工作也可以暫告一段落。

在這段對話過程，我以協商做為靠近目標的方法，藉由鏡子與橋的觀念，運用「聽核心」的對話精神，在孩子與先生之間來回穿梭，幫助先生拉近孩子的距離。而我做的，僅僅是穿針引線的工作，在父女倆稍有尖銳語言出現時，適時為他們轉換溫暖且具有接納性的語言。這便是一對二（多）的協商方式。

沒有任何人希望自己是向下墮落，孩子更是如此。每個孩子都渴望向陽生長，適時的以對話牽引孩子，陪伴孩子走向陽光，孩子將會緊緊跟隨。

星（心）：用心欣賞

與孩子協商面對困境的辦法，此舉屬於理性行為。一個理性行為，再怎麼有道理，也僅止於讓孩子擁有能遵循的規範，絕對無法拉近親子之間的關係。想拉近親子距離，感性的語言是最好的黏著劑，可以輕易將孩子拉近自己。對話最好的句點，也勢必是感性，因此，欣賞永遠是對話最佳的結束語。

在本書裡，不難發現「用心欣賞」已經多次出現在各種對話工具及脈絡裡，成為對話的最佳結尾。

用心、真誠的對孩子說出欣賞，是奠定孩子在逆境中，仍然能保有自己價值的信念。這是細微且非常重要的舉動。

孩子的成長過程中，自信與價值的基礎來源，源自於父母給出的欣賞。即使孩子做不好，仍然知道父母欣賞的眼光緊緊跟隨，並沒有因為做不好而責罵。若在做不好的逆境中，父母又能欣賞孩子的獨特價值，那麼，孩子將更願意因為自己被看見的那一點小光亮，而更加努力。

先前已經有許多「欣賞」的運用及方法，可以參考第一部第三章，這裡不再重述，僅提列幾個在欣賞運用上，需要著重的祕訣：

欣賞「人」，而非欣賞功利（效益）

欣賞會帶來力量，但欣賞放錯地方，無疑會帶來嚴重的反效果。例如，一個孩子考了一百分，父母若欣賞的重點放在分數：「你考了一百分，很棒，下次繼續維持。」一功利的一百分，就會因為欣賞而無限膨脹，成為孩子泰山壓頂的壓力。因為一句放錯焦點的欣賞，孩子感覺到的是，父母重視的是分數，而非「我」這個人。

因此，欣賞要放在「人」身上，如：「因為你很努力複習，所以才能得到這個一百分，我欣賞的是你讀書的努力，即使沒有考滿分，你的努力依舊是我佩服的。」

當我們欣賞「人」，人於是有了力量，而不是有壓力，孩子會因為自己的努力被欣賞，而在「努力」的行為上更加盡力，這才真正達到欣賞的目的。

欣賞，聚焦於有發展性的能力

什麼是有發展性的能力？如：努力、願意、堅持、毅力、勇敢、細心等，就是具有發展性的能力。若將欣賞灌注於此，則孩子會因父母的欣賞，更願意積極拓展這些正向能力。如：「這次雖然只考了七十五分，但我看見你從昨天下午就一直努力讀書到上床睡覺，都沒有放棄。雖然考得不盡理想，但你不放棄的精神，讓我感動。」

孩子考不好，也有值得父母欣賞的地方，也許原本是微不足道的優點，但一經欣賞，那份能力會迅速茁壯起來，成為日後努力的動力。

欣賞，從細節開始

雖說欣賞要聚焦於有發展性的能力，但許多未明深意的對話者，在姿態和心態還未完全一致的狀態下，不小心會陷入輕易套用欣賞的公式，因姿態不穩定，而呈現奉承或討好的樣貌，如：「哇！你這次考試雖然沒有滿分，但你很努力耶！是不是！超努力的啦！我超欣賞你的努力！」語言中就會顯得輕佻。

為避免欣賞流於形式而顯露不誠懇，可以練習從細節處欣賞起，如：「雖然過去你的考試成績一直沒有很大的起色，但每次面對考試，你總是非常努力的準備，甚至從考前一週就開始複習，每天複習到晚上九點，每次坐下來讀書就長達四十分鐘，這非常的不容易。你很努力堅持學習，我為你感到驕傲。」

細節帶來力量，也帶來真摯與真心。

只要謹守以上三個欣賞祕訣，就不必擔憂孩子會因為誇讚而產生過度驕縱的問題。相反的，欣賞做得好，孩子的生命能量就能綻放。

因此，面對川川從暴怒的情緒中走出，接納眼前的失落，並且決定以新方式面對困境，在在都非常值得父母欣賞。

我對川川說：「今天沒上台讓你這麼難過，你還願意跟爸爸討論出解決辦法，真是非常勇敢的行為。媽媽很欣賞你。」

欣賞，從勇敢處著手，於是，孩子的能量就會在勇敢處茁壯，成為她最好的資源。日後遇到困境，都會湧起無限的勇氣，果敢面對。

情緒教養五大核心：陪跑界諧星

口訣	五大陪伴步驟	操作方法
陪	真誠陪伴	在孩子理智尚存時，陪伴孩子開啟高質量的對話，避免慣性應對，可免去不必要的情緒風暴
跑	讓問題跑一會兒	孩子失控時，先讓情緒盡情奔流，父母的平穩是最好的示範，可啟動孩子省思的能力，親子之間也能連結彼此
界	劃定界線	孩子離開情緒風暴，父母才能進入對話。此時有賴父母的穩定，以貼近孩子內在為主軸，劃定界線與家庭規範，彼此尊重，才能融洽相處
諧	「協」，目標協商	孩子從暴走中回神，便可進入協商。以穩定的話語，及心價值的能量，重新領會孩子的語意，找出彼此都能妥協或認同的方法，越過困境
星	「心」，用心欣賞	協商過後，用心、真誠的欣賞孩子的獨特價值，孩子將能在逆境中，保有信念、付出努力，更能拉近親子間的關係

第三部

對話日常
強健冰山的養成

冰山，在薩提爾模式裡，代表一個人由內而外的整體，從靈性到行為表現，透過冰山的象徵和隱喻，詮釋生命。在家族治療大師薩提爾女士心中，冰山是人之所以成為人的重大隱喻。

一個人的誕生，需要父母提供孩子成長的養分，而靈性的培育，關鍵也在父母。因此我們可以說，父母是孩子的土壤，供給孩子長大的養分，也供給孩子靈性的滋養，以及源源不絕的生命力。

冰山的層次，分別是水平面以上我們看得見的「行為」，以及水平面以下看不見的「感受、觀點、期待、渴望、自我」等等層次，每一個層次都與其他層次有所牽連與影響。

例如一個幼兒要求媽媽買糖果，媽媽不答應，幼兒便哭鬧不休。

冰山上層，我們看見孩子哭鬧，這便是「行為」。行為下方是幼兒的「感受」，可能是生氣、悲傷、憤怒，而幼兒的「觀點」，可能因要不到糖果，而覺得媽媽不愛他；幼兒「期待」媽媽允許他買糖果，以買糖果的方式來感受媽媽是愛他的，藉此滿足他的「渴望」。這是一連串的牽動與影響，每一層每一處，都展現孩子的冰山樣貌與訊息。

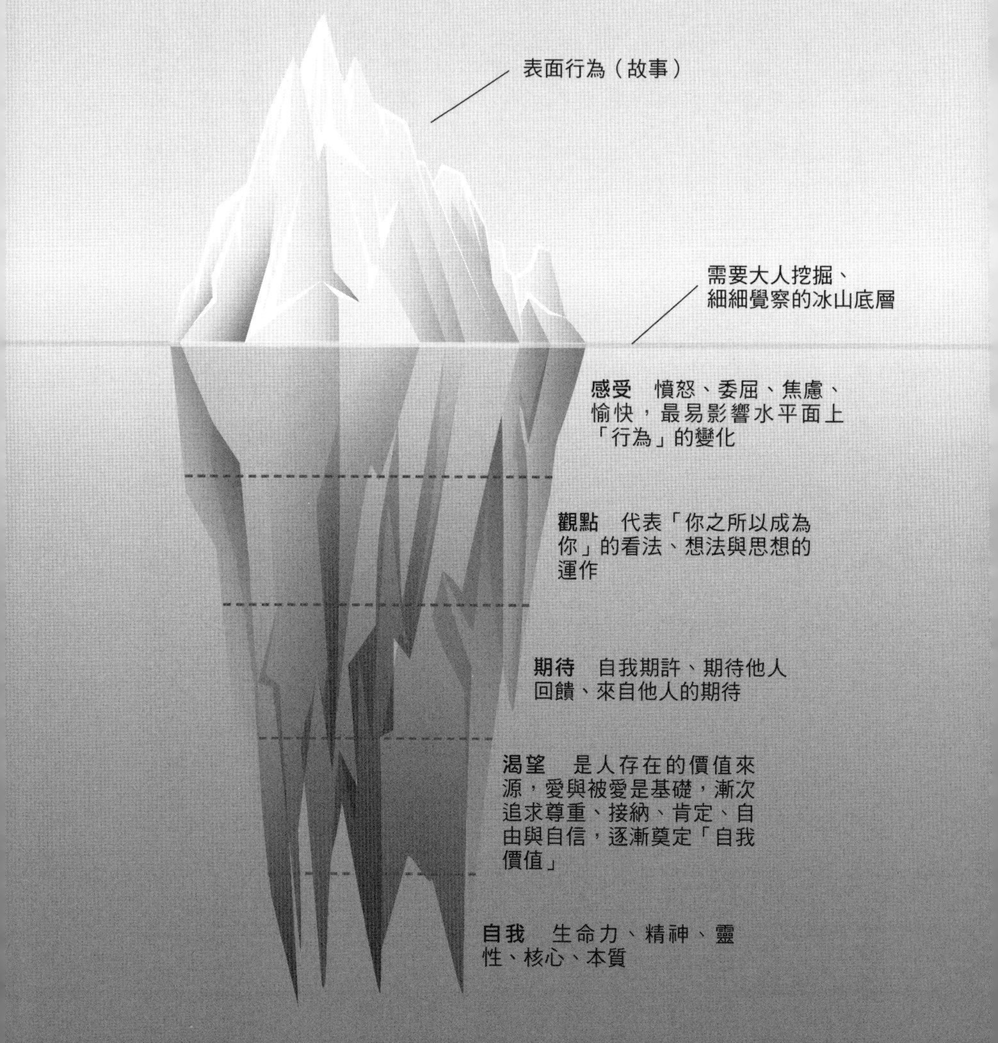
表面行為（故事）
需要大人挖掘、
細細覺察的冰山底層
感受　憤怒、委屈、焦慮、
愉快，最易影響水平面上
「行為」的變化
觀點　代表「你之所以成為
你」的看法、想法與思想的
運作
期待　自我期許、期待他人
回饋、來自他人的期待
渴望　是人存在的價值來
源，愛與被愛是基礎，漸次
追求尊重、接納、肯定、自
由與自信，逐漸奠定「自我
價值」
自我　生命力、精神、靈
性、核心、本質

（圖片來源：Shutterstock／MSSA）

在日常生活中，父母與孩子相處的模式、應對的方式、說話的姿態等等，都與孩子內在冰山的養成息息相關。

若是孩子有健康的冰山，他們呈現出來的表現將會是：高自我價值，內在充滿愛的能量，面對事物與挑戰具有高期待，面對失落也能接納，並且時時刻刻與自己的情緒貼近。

想養成孩子健全的冰山，得仰賴父母的帶領與覺察，從生活中寬廣接納孩子的各種樣態，引導孩子一點一滴走向健全的人格。

理解情緒與對話工具後，該如何在生活中推展好的對話，是這個單元想要帶給大家的學習。

面對孩子，我的對話目標，永遠只有一個，那就是「陪孩子走一段成長的路」。貼近孩子，帶領孩子走向獨立、自主、自由，並且讓孩子成為有擔當、有能力、負責的人，這便是最好的對話。

父母在生活中最常面對的三種困境是：日常課題、學習課題、情緒課題，因此在這個單元中，我特別針對這三類情境，以實際案例示範對話的各種工具該如何展開，並且將著重的精神標示出來，藉此加強學習者的實戰經驗。

在展開健康冰山的培養之前，為加速回應孩子的速度，要先釐清一個重要觀念，那就是父母面臨親子困境或衝突時，需先辨認公私領域。

何謂公私領域？

九歲的三三某日突然湊近我，想告訴我一個祕密。但在告訴我祕密之前，她有一個要求，她說：「你得保證聽了以後，不能生氣。」

聽見這個要求，我猜測三三的祕密可能很大，大到超過我能包容的範圍，也很可能很小，小到我覺得不足為奇。

我無法為不知道的事情做保證，因此我回應三三：「該生氣的時候，我還是會生氣（**界規**），我無法保證自己不生氣。但是，這是你的祕密，你可以選擇說或不說。如果你怕我生氣，你可以選擇不說，這是你的權利。」

三三想了一下，說：「可是我想跟你說這個祕密，我怕我會忍不住。」

我：「忍不住也是一種選擇。一旦你說了祕密，我會不會為此生氣，就不是你能決定的了。但在此之前，你是能選擇的。」

如果以圖形來詮釋領域，我和孩子各自是一個圓。我自己的圓形，在沒有與他人交集處，屬於私領域（界線），我與他人有交集的部分，是為公領域（規範）。因此我要面對與處理的，永遠是公領域的部分。至於我或孩子的私領域，則是個人的選擇與自由意識，旁人無能過問。

因此，溝通的概念是，我能做到的是我表達了私領域，並兼顧公領域的和諧，便是一次成功的溝通。

至於他人要如何回應，那是他人私領域的選擇，我們無從決定。

一旦啟動對話，關照順序就須牢記，依此為順：「我」、「他人」、「事件」。所有對話，一定是建立在「我的穩定」上，「我」是最重要也最需要自己時刻貼近與覺察的對象，其次才是「他人」與「事件」。因此對話的過程中，永遠是先照顧自己，使其安全安定，才有能力照顧他人。

「我」，代表的，就是私領域。

我能影響與改變的，永遠是我自己的私領域，在對話過程中，一旦覺察自己不足或不舒服時，坦承告訴他人自己的狀況，先停下這次談話。自己的內在，只有自己能照顧，也唯有先照顧自己，才有繼續對話的可能。

若內在狀況非常不穩定，可以向對方說抱歉，表明自己的狀態不適合對話，便可以結束這一次對話，等待下一次機緣，再開啟對話。

熟悉「我」、「他人」、「事件」三者的關照順序後，接下來就能大膽的在日常生活裡，持續的與孩子對話，藉此建立孩子穩健的冰山。

一

日常篇

SATIR

冰山的建構，每一層次都相互連結與影響，並非依照圖表顯現的方式排列。因此在這裡提列的每一事件，內容都含有冰山各層次的訊息。但為了學習方便，我將會放大某一層次的意涵，只為傳遞學習的主要概念。

我將介紹的冰山層次，依序為：行為、觀點、渴望、自我等層次。而本書側重的「感受（情緒）」，會特別獨立出來，於「情緒篇」專章介紹。

1 行為 七歲的叛逆

孩子出現父母無法理解的怪異行為時，適時的安靜與覺察，讓彼此都有沉澱的機會與省思的時光。

行為是冰山最上層顯露的部分，也是父母透過眼睛就能看到的確切表現。然而這個確切的表現，卻也是最讓父母迷失判斷的部分。許多父母看到孩子哭鬧，就只想處理孩子哭鬧的行徑，卻忽略此一行徑只是孩子表達的一種方式，真正要關注的是行為底下隱藏的訊息。

不過，即使理解冰山，孩子的成長是以每半年為一個蛻變。每一次蛻變，總有許多行為或思考模式會改變。許多行為受到荷爾蒙牽動，不自覺就表現得衝動不受控。父母探索不出緣由，只能溫暖陪伴，以更穩定接納的對話，才能讓孩子有所覺知。

難以理解的行徑

三三從七歲的某一天開始，與我的相處經常處於戰爭邊緣，毫無理由。她顯得異常孤單，又容易動怒，而我卻無法探索出她行為背後的緣由。

很多時候，她不要我說話，不要我提醒，希望自己完成所有事情。只要我稍微提醒，她就會為了挑戰我而猛力回擊。

例如晨起，她會坐在床緣發呆，此刻我若提醒她該穿衣服了，她會立刻不高興的回應：「本來就想要快，現在被你一說，我就愈想慢慢來。」

又或者，我總會提醒氣管敏感的三三，在冷天出門時，記得圍上圍巾、戴好口罩、穿上背心、外套等，然而三三不是滿不在乎，就是裝沒聽見。有次更發生了一件使我百思不得其解的事件，讓我非常錯愕。

那天，我開車帶三三、川川兩姊妹去吃飯。回程時，坐在後座的三三突然伸手指向我的左肩，對我痴笑著說：「媽，你肩膀上有衛生紙耶！」

我扭頭一看，發現左肩上真有一小撮擰皺了的衛生紙。

由於當時三三感冒，鼻涕橫流，前一分鐘她才拿衛生紙擦拭鼻子，因此我問她，

「這是你用過的衛生紙嗎？」

三三搖頭說：「不是。」

我幾次詢問，三三皆以堅定口吻說：「真的不是我，你誤會我了。」

由於三三就坐在我後頭，擦拭過的衛生紙在我左肩上，怎麼想都覺得不太可能是坐在另一側的川川所為。因此當我稍微提高聲量，再次詢問三三，三三則回以委屈的臉哭訴：「真的不是我。」

由於車子在行進間，我也只好按捺住性子，處理好衛生紙後繼續開車。

幾分鐘後，三三和我聊起一位朋友Ａ。我一時沒聽清，於是向她確認她說的Ａ，是否是我所想的那個媽媽。

三三此刻卻改口說：「不是，你講的是Ａ，我講的是另一個Ｂ啦。你怎麼會弄錯了呢？」

我很困惑，因為我明明聽見她喊Ａ的名字。

多次確認後，三三矢口否認她剛剛有提到Ａ。

坐在旁邊的妹妹聽不下去了，跳出來大呼：「剛剛姊姊真的是講Ａ，媽媽你沒有聽錯。」

三三一聽，立刻耷拉下臉，憤怒的說：「我剛剛明明說的就是Ｂ，你們都聽錯了啦！媽媽你為什麼都不相信我？」三三為了證明自己的委屈，情緒激動的指責我不信任她。

我一邊開車，一邊想著三三的行為，這究竟是怎麼一回事呢？愈想，情緒就愈來愈湧現，感覺委屈，感覺憤怒，感覺受騙……

那個時期與三三的互動，讓我有著深深的疲憊感，因此當內在情緒汩汩湧出，我即刻察覺自己的狀態非常不穩定。我選擇不再開口說話，只是專心開車，關照自己內在情緒變化。（**啟動內在的自我安心護法**）

以愛與穩定陪伴

快到家時，心緒穩定多了，因此我決定在不脫離「陪伴」孩子成長的情況下，坦白告訴三三我的決定與感受。

我：「三三，這陣子……你是不是覺得很委屈或孤單呀？覺得媽媽很嘮叨？甚至覺得媽媽不是很了解你？」（**核對**）

後視鏡裡的三三，默默不語，但看得出她的眼眶有些紅。

我：「三三，我要你知道，我是愛你的，而這份愛，不會改變，會一直一直跟著你。但是，最近媽媽感到非常疲憊，因為我知道，你不喜歡媽媽提醒你，很多時候你都裝作沒聽見。連今天，我明明聽見你說的是A的名字，但你卻執意說是我聽錯了，我突然間不知道該怎麼和你相處了。媽媽決定，不再主動嘮叨或關心你。但媽媽也希望在我不嘮叨之後，你能擔起照顧自己身體的責任，因為我真的很擔心你的健康。你要記得，媽媽很愛你。」（**連結渴望**）

我用愛連結三三，也給三三無限的自由。

愛，是冰山層次裡的「渴望」。只要身而為人，渴望的目標就會一致，分別為：愛、自由、價值、自信。換句話說，渴望，全人類目標都一樣，是奠定人的基石。而幼小的孩子渴望的標的，通常會落在「愛」，因此只要對孩子送出愛的訊息，也就等同連結了孩子的渴望。

進了家門，我平靜的領著孩子回家，不再主動和三三說話。晚上時分，全家人如常生活交流，我也一直安靜處理著孩子的各項事務，只要三三不主動和我說話，我便靜靜待著。

睡前，我意外收到三三的兩張紙條，一張是以便條紙寫成，一張是衛生紙。便條紙上三三的字跡，寫著：「媽媽，我愛你。對不起。」

另外一張衛生紙上也寫著：「媽媽，對不起，就算你不跟我講話，但你要知道，我很愛你。」

收到這兩份訊息，我回應三三：「三三謝謝你，媽媽很感謝你寫了愛媽媽的卡片，媽媽也非常愛你。」

我的愛與穩定的陪伴，換來了三三愛的紙條。

在和諧氣氛下溝通

當天夜晚，三三與我和解了。

三三向我坦承：「媽媽，你好厲害喔！很多時候你跟我說話，我都裝作沒聽見。當然，有時我真的是沒聽見，但大部分時候，我是真的故意不理你……媽媽，你怎麼知道我假裝沒聽見？」

我告訴三三，人和人的相處，有時候是非常敏感的。感官能在第一時間接收各式的訊息，感官直覺告訴我，你有聽見，只是不想理會我。

我問三三：「能告訴我，不想理我的原因嗎？」（**核對**）

三三回答得很簡單：「因為你講太多次了，我覺得有點煩。」

我提問：「講太多次了啊。那麼應該講幾次才不算多？」（核目標）

三三說：「一次。」

我又問：「萬一那一次你沒聽見呢？」（核對）

三三說：「那兩次好了。超過兩次，我就覺得太多了。」

我點頭，理解三三的邏輯。

但我仍舊很疑惑：「媽媽擔心你氣喘，所以會要求你穿衣服、戴口罩、圍圍巾。但是媽媽提醒幾次以後，你不是沒聽見就是聽見了卻沒有動作，我應該怎麼處理，你會覺得比較好？」（核目標）

三三聳肩：「你再提醒我就好啦！不過我也不知道怎麼做比較好，有時候我就是會忘記。」

我再次點頭，表示知道了。

由於情緒已經安頓，和三三對話時，也特別能接納三三的狀態。因此對話過程中，我沒有任何期待的答案，只是單純好奇著她的想法與認知。

和解的氣氛很美好，我遂利用這和諧的氣氛，詢問三三：「今天你執意說我肩上的衛生紙不是你丟的，能告訴我這麼做的原因嗎？」（核對）

三三笑著說：「沒什麼啦，因為我覺得很好玩。」

我苦笑：「三三呀，有一件事情，我必須告訴你。媽媽非常信任你，你的每一句話，我都無比的相信，當全世界都不相信你說的話時，我會是唯一那個相信你的人，我想做那樣的媽媽。三三，你希望我做一個相信你的媽媽，還是希望我是個不相信你的媽媽？」

三三毫不遲疑的說：「我當然希望媽媽永遠相信我。」

我說：「是啊，我也希望不管發生什麼事，我能一直站在相信你的位置上陪著你。但是，這個信任感必須建立在平時相處上。如果你經常跟我玩說謊遊戲，也許你覺得很好玩，但慢慢的我就會開始懷疑你說的每一句話，究竟是好玩（騙我），還是說真心話？長久下來，就會影響我對你的信任。這是你要的結果嗎？」（核目標）

三三搖頭，與我確認了這絕對不是她想要的結果。

她接著表示，以後不會再和我玩這類遊戲，以免我混淆了。

很多時候，親子溝通的時機，一如兩性關係的溝通，兩造之間都亟需仰賴其中一方的平穩與接納。

而在親子關係中，又更仰賴大人的平穩來進行溝通或對話，因此衝突發生當下，父母若能覺察自己內在出現煩躁或怒氣，讓問題跑一會兒是必要的。直到覺察自己情緒緩和，再與孩子進行溝通，會較為順暢柔和。

許多戰爭有時找不到緣由，一個衝動或一個喜好造就了行為，進入青春期的孩子情況將更嚴重，因為受荷爾蒙影響，衝動的行為更是層出不窮，沒有來由情緒便升到最高點，湧現出父母無法理解的怪異行為。這時候，寧靜與覺察是必要的。適時的安靜，讓彼此都有了沉澱的機會與省思的時光。

2

觀點 思維是可以選擇的

仔細核對與釐清孩子的行徑，讓自己得到更好的視角，再決定，要用什麼樣的觀點看待孩子。

生命漫長，在成長的過程，我們有很多的選擇。譬如，選擇要吃什麼、選擇走哪條路去上學、選擇頭髮上的飾品、選擇和哪個朋友成為知己、選擇與什麼樣的人成為伴侶。

然而，有些事物，是無法選擇的，比如：無法選擇誕生在什麼樣的家庭、無法選擇父母、無法選擇天氣。

在面對無法選擇的事物時，其實我們仍然是自由的，因為，我們可以選擇看待事物的觀點。

母親的選擇

我的母親，在我年幼時離開我。那年我五歲，母親選擇了她喜歡的生活方式，離家遠去。

我很愛很愛母親。幼時，我很想一輩子黏著她。她手藝很好，會編織漂亮的毛衣和帽子，也會為我捏可愛的泥土肉粽。在我的認知裡，只要有母親，我就是幸福的。

母親離家後，我彷彿被拋棄。每晚只要一躺上床，還沒閉上眼睛，眼淚就一直流，流過眼角，流進耳蝸，流到深深晦暗的髮絲裡。一想起母親，我的心就酸澀不堪。我很渴望她能回家，但始終不見她回來。

眼淚一路陪著我長大，我成了孤寂又倔強的人，沒人知道每夜陪我入睡的眼淚是多麼氾濫。眼淚陪著我直至成年，每晚入睡，閉上眼睛，想起母親時，我仍有悲傷。

儘管有悲傷，但我卻從來沒有恨過母親。我對她一直是有愛的，這是我的選擇。她的出走，並不影響我對她的愛，她可以出走，而我也可以繼續愛她，以我的方式。這兩者完全不影響彼此，是獨立存在的。

在我心裡，我選擇看待母親離家的觀點是，「母親有權利選擇她想要的生活方式，她和父親在一起不快樂，她的離開只是去做她自己」。這樣的想法，從第一次流淚入睡的夜裡，在我幼小的心靈裡，就已經存在了。我邊流著想念母親的眼淚，一邊想著母親只是去做她自己了。

這便是觀點的選擇，自己的觀點，我們有權選擇所想所要。

不只是藉口

面對與孩子相關的行徑的觀點，我們更需要核對與釐清，再下決定，究竟要採用什麼樣的觀點看待孩子。

三三大班時，經常會在某些特殊的時間點，哀號喉嚨痛、肚子痛、身體不舒服等。但這些特殊時間點一過，她又活蹦亂跳、大聲嚷嚷。

很多時候，我只是陪伴孩子的變化，並不特別處理或對話，放手讓問題跑一會兒，靜靜在一旁觀察孩子的行為表現。

比如，鋼琴老師要求孩子回家練琴時，要邊彈邊唱，藉此練習音準。但每每提醒三三這件事，她總會回答：「我沒辦法唱，因為我喉嚨痛，一唱就癢，會咳嗽。」

吃飯時，我請三三不要挑食，即使是不喜歡的食物，也要學習接納。不必強迫自己吃多，但至少要練習吃兩口。三三一聽要吃不愛的食物，就拚命喊肚子痛、不舒服。

三三生病時，我請她按時服用藥物，她也會嚷嚷身體這裡痛那裡痛。

在許多人眼裡，這些行為可能會被詮釋為「找藉口」，假藉身體不舒服為由，以逃避生活的規範（**觀點**）。

藉由核對，釐清困惑

一日早晨，我決定將我的困惑丟出來，請三三協助我一起面對我的困惑。

我：「媽媽對一些事有些困惑，希望你能幫我解答。」

三三：「什麼事？」

我：「我常聽你喊這裡痛那裡痛。但是，當時間一久，我就會感到困惑，因為我分不清楚你真正的意思。」（**核對**）

三三：「什麼意思？」

我：「我的意思是，有時候彈琴需要邊彈邊唱，這時你會說喉嚨痛，希望媽媽抱抱。一聽你這樣說，我就猜，你是不是遇到挫折，所以想撒嬌、休息。久而久之，媽媽就分辨不出來你是想撒嬌還是真的喉嚨痛，搞不清楚你要表達的到底是想要我抱抱？想撒嬌？想休息？還是其他意思？」（**核對**）

我接著又說：「這個困擾滿嚴重的，因為媽媽會搞不清楚當你說身體不舒服時，究竟是真的需要看病，還是只是想撒嬌。每次聽你這樣說，我就以為你只是想撒嬌。萬一你真的不舒服，我卻忽略了帶你去看醫生的時機，怎麼辦？」（核對）

三三聳聳肩，表示自己也不知道該怎麼辦。

我：「這樣吧，下次如果你只是想抱抱，不要用『不舒服』來表達，而是直接告訴我『媽媽，我需要你抱抱我』。我一定會給你一個有力的擁抱，你覺得這樣好嗎？」（核目標）

三三點點頭。

我：「如果彈琴累了，不想邊彈邊唱，就直接告訴我今天沒辦法邊彈邊唱，並且給我一個可以邊彈邊唱的時間，媽媽就會知道你不是想逃避，也不是真的喉嚨痛，只是想休息。這樣媽媽也不會一直焦慮你是不是真的喉嚨痛，要不要帶你去看醫生。這種準確的表達方式是你想要的嗎？」（核目標）

三三羞赧的微笑著，點頭說是。

藉由核對，我的困惑得到釐清，讓自己得到更好的選擇看待事物的方式。

所有行為，都是一種表徵，述說一個故事。而這些故事，只為了讓底層的渴望得到滿足，而渴望，通常是指向愛。

當孩子在學習上疲累，無法做到大人的要求時，可能會開始害怕自己表現得不夠好，大人會因此不愛他們，因此這時所表現出來的行為，往往在測試父母的愛是否依然存在。

面對孩子每天喊身體不舒服的行為，大人可能會將之視為「說謊」，這便是「觀點」的選擇。觀點形成之後，父母就會基於這樣的觀點，產生一連串不由自主的反應，譴責這樣的行為是欺騙，這是因為「觀點」會借調過去的慣性認知。由此可見，選擇看待事物的方式需要不斷練習，藉此更動過去養成的慣性觀點。

3 渴望 欣賞的動力語言

以誠懇的姿態衷心說出的欣賞，
將帶給孩子無限的力量。

冰山層次的渴望，是奠定一個人的價值、自信、自由、穩定的重要環節。想要滿足孩子的渴望，奠定孩子的價值與愛，「欣賞」可以完成這個使命。欣賞，是美妙的動力語言，會增加孩子的正向能量。當父母對孩子表達愛，孩子就會在此處擴增愛的能量，立刻回以十倍以上的愛給父母，這便是動力語言才能達到的境界。

欣賞的動力語言是我在家庭與孩子、先生相處時，說話的基礎底蘊，並將之廣泛落實在日常生活中。

我的欣賞，建立在誠懇的態度裡，也建立在生活細節中，更建立在與孩子相處聊天的點滴裡。愈使用欣賞，愈發覺欣賞使人有動力往美好的方向前進，使人願意更加努力，往自己所嚮往的方向賣力。

刻意練習，讓「聽核心」成為說話習慣

前一陣子，我開車接三個孩子放學。回家路上，二女兒川川突然問了一個奇特的問題：「我長大以後適合當什麼？」

我問她對什麼樣的事物有興趣？

川川對自己有興趣的事物侃侃而談，其中包含「畫畫」、「爬牆」、「設計東西」、「唱歌」。

我聽完，回答她：「你的興趣好多呀！頗有藝術家的性格呢！」

川川於是饒富興致的追問：「那我長大適合當藝術家嗎？」

我一邊開車一邊認真的想了想，然後慢慢述說過去我所認知的川川的樣貌，並且從細節處著手。

我說：「你很喜歡畫畫，經常畫女孩，而且用色很大膽，這份能力，很適合當畫

家。你也喜歡設計東西，經常會用紙做一些獨特的東西，例如動物園、遊樂園、衣服裙子，而且也很會設計項鍊、戒指、吊飾，可見你很有當設計師的潛力。你很喜歡爬牆，足見你的膽識過人，有很強的冒險精神，對很多事物保有好奇心，使你的觀察特別敏銳。這些特點加起來，讓我深信你很有當藝術家的天分。」

川川聽了開心得不得了，一直問：「真的嗎？我能當藝術家嗎？藝術家可以賺很多錢嗎？」

我：「當然可以，只要你想，我相信你可以的。」

川川：「那我適合當有錢人嗎？」

我聽了大笑，問：「你想要錢多到花不完嗎？還是只要足夠買想買的東西？」

川川羞赧的說：「不需要太多錢。但是我想養你和爸爸，然後買一些我喜歡的東西，這樣就可以了。」

我：「你肯定可以的。你很適合當有錢人，因為你不會亂花錢，懂得節制，知道自己想要什麼。而且你很孝順，賺了錢還願意與爸媽分享。你太適合當有錢人了。」

我和川川這段短暫的談話，是認真而有所依據的。我「傾聽」完她的提問後，依照她過往的習慣與喜好，進入細節的「核對」，核對後，我和她的對話結束在對她的

「欣賞」，在這份欣賞裡，包含對她的信賴、價值、尊重，這便是「渴望」的層次。藉由「聽核心」三步驟，滿足孩子在渴望層次上的需求。

這次不經意的對話，看似簡單，實際上卻是經歷過許多的學習與刻意練習後，留下來的習慣。

欣賞的語言會為川川帶來什麼樣的動力與影響？

當天晚上，川川回家後，開始練習無數張的畫作，並且找來許多已經壞掉的飾品，企圖創造出獨一無二的鑰匙圈和吊飾。這一晚的努力，是過往的一百倍。由此可見欣賞的話語帶來的影響非常巨大，而且會持續積極的向上發展。

欣賞猶如油門，踩下的瞬間，油料噴發，能將引擎從原本靜止的狀態，瞬間增強為十倍甚至一百倍，往前衝的力道可想而知。因此，真誠的欣賞，不以浮誇與矯揉造作為手段，以誠懇的姿態衷心說出的欣賞，將帶給孩子無限的力量。

4 自我一致的靈性

轉了彎的表達，扭曲了原意，自我是不一致的。
敏銳的覺察與自省，才能理性與靈性兼具，達到由內而外的和諧。

冰山層次的自我，是難以用語言或文字表述的層次。它是靈性的存在，亦是一致性最完美的展現，由內而外的和諧，所產生的靈性與理性合一的狀態。

簡單來說，當一個人內在有了渴望、期待、感受，他能透過理性思維，完整將內在訊息準確的表達出來。

例如，一個人內心有委屈，對於被他人誤會感到失落，若他的自我是不一致的，表達的語言可能會是「我不想理你們」或「你真惡劣」。這是轉了幾個彎的表達，扭曲了原意。

若自我是靈性且一致的，他內在的感受、期待、渴望，會以一致的方式準確表達真實的訊息，如「當你說我不認真時，我很難過，我有委屈，因為我是真的非常認真面對這次挑戰。為了這次挑戰，我每天都花半小時練習。」

父母的學習無所不在，理性與靈性愈能一致，所展現出來的自我層次也愈高。一個擁有自我的大人，愈能覺察與自省。一旦發現錯誤，也愈能柔軟的道歉並且修正錯誤。

父母犯的錯，並不會比孩子少。若父母能敏銳覺察錯誤，修正不合適的行為或規範，將帶給孩子極為正向的示範，更讓自身有機會接近靈性的自我，成為高自我價值且具備一致性的人。

想達到理性與靈性兼具的大人，允許自己犯錯，並在犯錯中覺察、做出修正，是必要的過程。

每個人都有自己求生存的慣性以及盲區，在帶孩子時，我總會特別提醒自己緩下來，細細覺察自己的慣性是否合宜。若慣性會阻礙親子之間的交流，我就會著手修正，畢竟有慣性並不可怕，只要有改變的勇氣，都是契機。

我從大女兒三三兩歲起學習薩提爾模式，至今已八年。剛開始的前幾年，很容易受到慣性牽引，重回舊有的應對。隨著學習時間漸長，開放自己的內在之後，漸漸可以在慣性來襲時啟動覺察，並適時拉開慣性的距離，重新回到陪伴孩子的心境上，慢慢去聆聽孩子，貼近孩子的感受。

學習的第五年，我的轉變，帶動了全家人跟著一起轉變，孩子和我的關係從僵硬走向柔軟。我以為我已經擺脫過去不好的慣性應對，然而我不知道的是，生活中仍有我未察覺的慣性，在黑暗的祕境中匍匐流動。

以情緒對抗情緒

三三七歲那年暑假，我和先生帶著幾個孩子回中部與家人聚餐，讓他們和久未碰面的舅舅們吃頓飯。

晚餐後，家人間的敘舊時光，讓孩子們有了美好而寧靜的相處。

結束聚會，我帶著孩子回到飯店，提醒他們時間已經很晚了，得快點刷牙，準備上床睡覺。

三三一向是個嚴守規定且有紀律的孩子，她用心的領著妹妹川川進廁所盥洗。

相較於姊姊的紀律，川川明顯就是個永遠不按牌理出牌的女孩，所以川川對姊姊的指揮就顯得漫不經心。

面對不受控的妹妹，三三開始感到焦慮，而且脾氣顯得有些暴躁，屢屢以怒氣指責川川。

川川被責罵以後，因委屈而不停的哭著。

我拍著川川的身子，一邊詢問三三，需要幫助嗎？

三三搖頭。

我問：「今天怎麼了？心情不太好嗎？一直聽到你罵川川。」（核對）

三三聳肩：「我也不知道，就是很想生氣。」（聽情）

我說：「需要幫忙告訴我，我很願意幫忙。妹妹動作慢沒關係，媽媽願意等，你也慢慢來，我也會等你的。」（傾聽）

三三點點頭，回頭做自己的工作。

沒多久，我聽見三三嚷著：「拜託不要過來，離開！不要碰我的東西！我叫你走開，你聽到了沒有！」

當時我已經躺在床上，安撫著快睡著的弟弟。轉頭一看，發現刷完牙的川川想上床睡覺，但三三正在收整行李，床上到處都是三三的物品。

三三是對物品有著完美執著性格的孩子，如果川川上床，勢必會碰到她的東西，這對三三而言是絕對無法接受的。姊妹戰爭眼看就要激烈上演。

為了阻止一場可能暴發的戰爭，我趕緊同川川說：「川川你來和我睡，爸爸去和三三睡吧。」

就這樣，先生從原本的床換到三三的床。

先生上床以後，三三仍舊激動的說：「爸爸你不要碰到我的東西！你過去一點，等我收好你再上來啦。」

先生已經很累，他說：「你快把東西收一收，我很累，沒辦法等了。」

三三的情緒來不及消化，衝著爸爸吼叫：「你沒看到我正在收東西嗎？我收東西就沒辦法太快啊！太快我不會收啊！而且我沒收完要怎麼睡？東西都在床上難道叫我壓上去睡嗎？你告訴我啊！」

面對三三情緒化的措辭，我和先生遙望了一眼。

我嘆了口氣說：「三三呀，從剛剛進門到現在，你一直在生氣。需要幫忙的話，告訴媽媽，媽媽很願意幫你，我相信爸爸也會很樂意幫你，你不需要這樣對所有人發脾氣。」

三三背對著我，頓了頓，生氣的對我說：「我已經說不要碰到我的東西了，但是他們還是一直碰啊！只要不要碰到我的東西，不要催我，我就不會生氣！」

面對三三的情緒，爸爸情緒也被激發：「立刻拿走床上所有東西，我要睡覺，沒拿走我就幫你拿。」**（情緒）**

三三大吼：「你拿啊！我就是收不完！」**（情緒）**

以情緒來對抗情緒，永遠只會得到更大的情緒炸彈。

爸爸因為疲累，怒氣整個被挑起，一語不發的甩著棉被，把三三所有東西都抖落下床，包含水壺、便條紙、行李，差點連舅舅送的平板都甩下去。

以穩定內在陪伴孩子

三三壓抑著驚嚇與悲傷的情緒，默默撿拾摔落在地上的物品。此時，爸爸仍在一旁厲聲訓斥三三，看不慣她整天罵妹妹，看不慣她自以為是的行為，看不慣全家人什麼都要聽她的……

我躺在另一張床上，看到三三壓抑著淚水，強忍住悲傷，要自己不哭出聲，我心疼極了。

我檢視自己的狀態，並沒有因為爸爸和三三衝突而有所起伏**（先關照自己）**，有能量照顧三三，於是輕聲召喚她來到我身邊，要爸爸別罵了。

我抱著三三，輕聲安慰。

我隱約感覺三三今天情緒會這樣不穩定，是有原因的，因此我猜測的問：「你今天是不是特別想為媽媽做事？媽媽感覺你很努力敦促妹妹快點刷好牙上床睡覺。你做這麼多事，是不是想幫媽媽的忙？」（核對）

三三彷彿感覺有人理解她，而崩潰的哭了。

她說，原本想把今天很快樂的心情，化成行動，感謝媽媽不辭辛苦帶他們三姊弟來中部和舅舅們聚餐，因此才想幫媽媽的忙，帶妹妹去刷牙，也督促她用漱口水，不希望妹妹跟她一樣蛀牙。但是妹妹不聽話，才會一直對妹妹生氣。（聽事、聽情）

我：「三三會覺得很孤單嗎？或者，覺得很傷心？自己的用心好像都沒有人能理解？」（核對）

三三淚流滿面的點著頭，說她一直覺得很孤單，一直覺得沒人理解她。

那個夜晚，我們聊了好久好久，也把一個深藏心中已久的困惑，提出來詢問。

我：「媽媽發現不只妹妹，有時候，媽媽為了某件必要的事情而挪動你的東西，你一樣會感到憤怒、不開心。媽媽能知道這是為什麼嗎？」（核對）

三三想了想，述說她的感受：「媽媽，你知道今天我在舅舅家，其實很想哭嗎？」

我訝異：「怎麼了呢？」

三三：「我的包包原本放在椅子上，但不知道是誰，把我的包包放到地上，用一件衣服蓋在上面，我看了好想哭。我真的很不喜歡別人動我的東西，別人一動到我的東西，我就覺得那個東西已經變舊變髒，不再是原來的樣子了，所以我好難過。但是我不想讓別人看到我哭，就抬頭看天花板，讓眼淚被吸回去。」（聽事、聽情）

這是我第一次聽到三三不讓任何人碰她東西的原因。

我知道三三是個愛惜物品的女孩，但從沒接觸過她深層的想法。原來她是這樣想的呀……過去我怎麼沒有仔細核對她的想法呢？

三三又說：「晚上舅舅不是送我們便條紙嗎？我先選了兔兔的，但是你叫我放開，說我不能先選，要大家協調好才可以拿。但是那時候我不願意放開，因為我好怕別人摸我的兔兔便條紙。因為不管誰摸了，我就完全不想要了，覺得那個東西不再是我最完美的便條紙了。」

聽著三三的陳述，我感到無比訝異。

原來這才是真正的三三，比我認知的還要追求完美，還要無法容忍丁點的小瑕疵。不是零就是一百的絕對完美，極致的性格表現。

時時刻刻審視慣性應對

更讓我詫異的是三三接下來的話。我專注傾聽她的心情，為她今天的表現給予欣賞。入睡之前，三三心滿意足的枕著我的胳臂，躺在我懷裡，輕聲輕語的跟我說：

「媽媽，我好高興喔！這是『第一次』，在爸爸罵我之後，你主動安慰我耶！我真的好開心。」

三三的話，讓我震懾了。

第一次安慰？

當時我學習薩提爾五年，我以為自己已經做到時時刻刻貼近孩子，沒想到從三三嘴裡說出來的，卻不是我所想像的那樣。

我沒有安慰過她嗎？我不是花了很多心力傾聽孩子嗎？

我的腦袋如快速播放照片的儀器，調出許多我和三三相處、安慰她的片段。我將過往記憶一次又一次取出、核對。

查對全部記憶之後，答案震驚了我自己。

我安慰三三，是經常有的事。但正如三三所言，每當她與爸爸發生衝突時，我從不主動安慰，因為我向來都是等孩子有需求，並且主動來找我時，才會開啟對話。

之所以會這樣，是因為三三與爸爸發生衝突前，通常是先與我有了衝突，之後爸爸才加入戰局想要管教三三。

當兩方有情緒時，我習慣讓問題跑一會兒，自然不會隨便介入事件。說得更坦白一些，我的情緒在那個時候肯定也是高張的，我得先關照自己，以平穩自己的情緒為優先，自然沒有辦法照顧三三的情緒，更無法關心三三的感受。就這樣，我和三三一次又一次的錯過了。

我的慣性，一直將三三推往孤獨，而我始終沒有察覺。

三三的這番話，讓我瞬間明白舊時的慣性，即便在我習得良好的應對姿態後，依然會隱藏在日常生活中，等我稍不留神就跳出來，成為我貼近三三的阻礙。

慣性是一種保護機制，但在親子之間，慣性需要時時刻刻審視，才能適時的割捨有礙連結彼此的不良習慣。

一如我生養三三已邁入第七個年頭，但我彷彿才剛剛認識這孩子。七年來，我和三三第一次如此近距離接觸。感謝她和爸爸的衝突，讓我重新擁有這孩子。

每一次親子相處的時刻，覺察是必要的學習與修練，幫助我們回到自我，回到理性與靈性的一致性。

二

學習篇

SATIR

過去的教育，教孩子無論面對失敗或成功，都要努力再努力，勝不驕、敗不餒。因此如今的父母，大抵都有一樣的成長經驗，那就是面對考試挫敗時，父母會嚴厲的告訴我們「你不夠努力」。

偶爾考得不錯，父母則改口「一次成功不算成功，你要繼續努力」。當我們持續獲得好成績時，父母則改口「人外有人天外有天，不能驕傲，要更努力才行」。

於是我們一輩子都拚命努力，為沒有盡頭的目標前進，人生顯得疲憊，一旦失敗，就更難以承受了。

1

失敗　輸，也是有分數的

學會如何面對因失敗而來的傷心、懊悔、痛苦，才可能生出勇氣，往更美好的目標邁進。

一個豐富的生命，不可能只有成功，更多時候，生命是由一連串失敗組成的。因此，我們如何面對失敗，才是生命中重要的課題。

我喜歡孩子失敗。於我而言，失敗才是學習的開始，唯有失敗，才能讓孩子學會如何面對因失敗而來的「傷心」、「懊悔」、「痛苦」，學會接納之後才能真正與自己同在，也才可能生出勇氣，往更美好的目標邁進。這樣的生命，才有「韌性」，可以剛強，可以拗折，可以柔軟，可以從失敗中再次提起努力的勇氣。因此，比起成功，失敗有更多重要的學習。

不喜歡輸的孩子

小兒子一一五歲生日時，我和朋友安排了一趟三天兩夜的小旅行。三個家庭，一共帶七個孩子出遊。七個孩子的年齡層分布很有節奏，從中班、大班、小一、小二、小三、小四都有。其中小學三年級有兩個，一個是內向的女孩蘋果，另一個則是較為外向的三三。

我很喜歡不同年齡層孩子的共遊組合，在年齡與學習上，都能互相牽引、同玩，很是特別。

孩子多，相處上的摩擦能讓孩子學的就更多了。

七個孩子裡，最小的兩個，分別是五歲的一一，與六歲的女孩妞妞。這兩個孩子都是家中最年幼，一男一女，在性格上就有了很好的互補。女孩喜愛照顧幼小，男孩對於年齡並沒有特別的逞強，一細一粗，彼此都有所學習。

不過也由於兩個孩子年齡相近，投入競賽遊戲時所展現出來的特質，倒是有志一同的相像：都怕輸。

兩個孩子玩起了「桌上冰球」，妞妞和一一各執桌子一端，彼此叫陣：「我一定會贏你！」

看孩子玩遊戲頗有趣，可以從旁觀察孩子的學習與心性。

當然，我看的還多了一層，性格底線與學習底線的試探。兩孩子互推冰球，一開始都是起勁的，相互叫嚷，那是孩子最寶貴的底氣。他們很有自信，很有挑戰力，也非常有勇氣。

來來往往推冰球一陣之後，妞妞一個分神，一一射進一分。妞妞瞬間臉色就變了，小小的臉蛋扭曲，大聲唉叫，眼看就要嚎啕大哭。

妞妞是個不喜歡輸的孩子，在家裡與姊姊玩遊戲，只能贏不能輸，一輸就要崩毀哭鬧。父母都很怕孩子崩潰哭鬧，因此妞妞在家裡也甚少品嘗失敗的滋味。然而出來遊玩，與其他孩子一起競賽，就不太容易全面得到保護。

這樣的孩子，因為鮮少輸，面對失敗，哭鬧發洩內在的情緒，是必經的過程。

陪伴孩子安然接納失敗

然而在此之前，我們還能做些什麼？

其實能做的很多，當下我選擇幫妞妞「提升內在價值」（**心價值**）。

我立在一旁，對妞妞說了一句話，妞妞情緒便穩定了，內在也安定了。

我說的那句話是：「妞妞，你知道嗎，輸，其實也是有分數的。你的努力與勇敢，即使輸了，讓你仍然得到非常高的分數，這比贏更難。」

妞妞仰起頭看著我，一瞬間安靜下來。

我揣測妞妞也在思索這句話的意思，我想她可能不明白「輸卻得到高分，這比贏更難」的意思，但她能明白我在欣賞她。

得到欣賞的妞妞宛如重生，自我價值受到肯定，行為便安然了。

這份安然，使她接下來的行為超出她的年齡表現。

妞妞努力面對競賽，冰球接二連三進洞，分數追上來了，而且還倒贏一一。

一一輸球，焦慮得快哭時，妞妞展現出新的價值姿態，也發揮影響力。她充滿自信，主動上前安慰一一。

妞妞說：「一一，你很努力，所以你也可以得分，來，我幫你撥一分喔！」

妞妞動手在計分板上給了一一寶貴的一分，一一瞬間也穩定了。

我用心給予的新價值，帶給妞妞穩定，讓她能安然的接納失敗。而這樣的價值在妞妞內在滋長，讓她成為給予一一價值的關鍵人物。一個孩子牽引一個孩子，一個孩子穩定，連帶能關照玩伴，彼此成為正向的影響。

欣賞，是貼近孩子的方式，也是奠定孩子自我價值的方法。因此給予欣賞時，父母需要時刻覺察自己的姿態與口吻，是否達到真誠與用心，避免將欣賞誤用為安撫孩子情緒的工具。

如：「你已經很棒啦！」「這又沒什麼，只是遊戲啊。」「不哭不哭，厲害的孩子是不會哭的。」等等話語，都只是想解決哭鬧，並非真正貼近孩子的內在，孩子的情緒不會因此消失，情緒反而壅塞於心，下次再暴發，就非同小可了。

孩子從哭鬧到接受失敗，需要一段歷程。若只是想學得工具，用來防止孩子哭鬧，失敗是可以預見的。讓孩子學會在輸的時候，看重自己的努力，欣賞自己的堅持，才能有所成長。這樣一來，失敗也就沒那麼可怕了，孩子的生命得到滋養，獲得豐富的韌性。

2 資源 拒學，請說服我

孩子有自己的想法，鼓勵他們用行動或決心，說服父母做好鬆動規範的準備。

不管成功或失敗，都是孩子成長過程重要的經歷。每個人都渴望成功，但對孩子而言，失敗遠比成功擁有更多陪伴他們成長的資源。面對失敗的課題，有項重要關鍵，值得父母先行準備。那就是做好鬆綁現有規範的心理準備。

家庭規範，是父母為了推動家庭前進，所制定出來的生活方法。然而沒有一項規範適合所有家庭成員。因此，一條善意的規範能否永遠保留下來，需要靠隨時隨地的調整與鬆動，來符合孩子每個成長時期的需求。

有了鬆動規範的準備，便能隨時輔助孩子成長。

鬆綁規範

三三小學三年級下學期開學沒多久，突然沒來由的開始抱怨英文功課。三三學習英文，曾有一段非常挫敗的經驗，我將那段經歷完整的書寫於前作《薩提爾的親子對話》一書裡。

當時先生和我帶著小一的三三出遊九天，回校後英文小考零分。這個打擊太大，因此三三全面拒學英文。後來我陪她走一段學習之路，兩個月後，她重新在英文世界裡找到自信與成就，我也就放手讓她回到原來的環境去學習。

如此過了兩年，小學三年級的三三又開始抱怨英文，我不置可否的笑了。這是孩子學習必經的歷程，有山峰之巔，必有峽谷的低潮。因此面對三三的排斥，我視為正常表現。

然而從那天起，三三討厭英文的情緒日益增強。有一天，她來到我面前，認真的告訴我她的決定。

三三：「媽，我不想去學英文了。」

我：「怎麼了嗎？遇到困難了？」（核對）

三三：「英文單字每天都要背，文法也都搞不懂。」

我：「學不會英文，你選擇怎麼處理？」（核目標）

三三：「我想在家自學英文就好。」

我：「哦，怎麼自學？」

孩子面對困境，容易退縮，那是因為他們還沒找到支持自己的能量，而退縮、放棄卻容易得多。

我喜歡孩子有自己的想法，也鼓勵孩子擁有自己的想法，想要什麼就來說服我。孩子的理由太多，父母可能認為那是藉口。不過，不管是想法還是藉口，我都視為貼近孩子的好時機。

所以當三三有了自學的想法，我很高興。我期待她來說服我，她有什麼樣的能力處理困境，若她真能想得通透，我又有什麼好不放心的呢？

三三：「就像你以前教我的方法，我想自己在家看英文書，自己學。」

我點點頭，覺得方法不錯，不過也有擔憂。

我：「三三，我很相信你的方法，也深信你會努力去做。但我無法從過去的經驗裡，看出你執行的決心與能力。」

三三：「為什麼？」

我：「記不記得今年暑假，你告訴我想在家自學，以閱讀英文書的方式，代替去安親班學英文？」

三三瞬間精神委靡下來，小聲說：「我有讀啦。」

我：「是的，你確實有拿起書來自學，次數是兩次。你決定用這個方式學習英文時，記得你是怎麼說的嗎？」

三三喏喏：「我說我每天都會讀英文書。」

我：「是呀，我也記得你是這樣和我約定的，是什麼原因讓你無法做到？」

三三：「因為我每天都想玩，不想讀書，讀書太無聊了。」

我：「讀書確實會這樣，尤其自己讀更是無聊苦悶。除非讀到自己有興趣或下定決心去堅持，才有辦法。是吧？」

三三：「嗯。可是媽，雖然自己讀書很難，但這次我肯定會努力堅持，你讓我在家自學好不好？」

我：「在我回答好或不好之前，先請你想一想，你有什麼樣的讀書計畫？用你的計畫來說服我，而不僅僅是靠嘴，隨興的說你想自學，就希望我同意你。你還記得當初我們決定不學鋼琴的事嗎？」

三三看著我，微愣。

我：「我們當時學了四年鋼琴，最後決定不學時，還記得你說的話嗎？」

三三點點頭：「我說之後都要自己練鋼琴，不想去老師那裡學了。」

我：「沒去鋼琴老師那裡快兩年了，這兩年你的學習情況如何？」

三三：「我都沒有打開琴蓋，更沒有想彈鋼琴的欲望。」

我神情嚴肅的看著三三：「三三，你都沒有去彈鋼琴，連琴蓋都沒打開，媽媽催促或責罵過你嗎？」

三三：「沒有。一次也沒有。」

我：「是的，我一次也沒有責怪你，因為那是你的決定，你想要的結果。學與不學，都是你的選擇與決定。媽媽希望英文也是，最後學與不學，都要靠自己。媽媽從沒要求你的英文或其他功課要多厲害，但我希望你學會面對困難的勇氣。每一項學習都是困難的，鋼琴如此，學校功課如此，英文也如此。你是如何面對它的？躲開一向都很容易，但躲開的結果，是你想要的嗎？媽媽希望你能想清楚些，再用你的想法來說服我。」

我隨時做好鬆動規範的準備，隨時接受三三不學英文的提議。但前提是，三三得用行動或決心，來說服我她的提議是值得重視且可行的。

過去的失敗，今日的養分

我喜歡失敗，無論是孩子還是自己。失敗的過程，有著用錢也買不到的生命歷程，總能讓我辨別未來的方向。

國小時，我是學校合唱團的一員。練了半年，覺得索然無味。但因為我是乖孩子，仍舊勉力練習。到了要比賽時，老師覺得人數太多，想刪除幾個孩子，沒想到我就是其中之一。合唱團成了我沒有完成的缺憾。

進了專科，為了彌補過去的缺憾，我主動參加合唱團，練得比任何人都積極。那一年，我們得到全國大專盃合唱競賽第一名，並獲得全國巡迴演唱的機會。我身在其中，因為拚盡全力參與，這樣的結果帶給我的感動與驕傲，沒人能體會。一切都得感謝過去的失敗，教會我認真面對掌握在手中的機會與夢想。

專科時，我也參加籃球校隊。當時練球全憑感覺行事，率性而為，閒散抱怨居多，練球彷彿是為了得到教練的重視，當感覺不被重視時，便有一搭沒一搭的練習，沒多久就退出了。

退出兩年後，我卻時常想念打球的滋味，於是厚著臉皮又回去參加。從那之後，我開始為自己的想望而練球，連最苦的基本運球及螃蟹防守步伐，都練得有滋有味且心甘情願。因為持續堅持練球，最後有幸成為了校隊的中鋒大支柱，每每下場就是滿場四十分鐘，沒有間斷，開始享受到打球的快樂。

我從沒後悔過去的退隊時光，那段空白歲月讓我明白對打球的渴望。為了自己的想望，練習時就更潛心努力。打球不為他人，只因為自己喜歡。

當然，我也有過放棄後，就再也不想碰觸的學習，例如鋼琴。

小二開始斷斷續續學了好幾年琴，每一次都是敷衍，每一次練習都偷懶逃避，終於不練之後，真是開心得不得了。長大之後心血來潮練彈了一陣子，但我明白那始終不是我想努力的方向，因此沒著力太深。

失敗，對我而言意義重大，那代表我能從失敗的經歷學習，調整過去的方式。

三三小學二年級時，說她不想學鋼琴。我與她深談她對鋼琴的想法，她表示想要自學，不想跟老師學習，藉此離開壓力。我深知自學鋼琴談何容易，但我願意她去嘗試。畢竟人生經歷是她的，她該去走一遭，才能有所體會。

我陪三三學習鋼琴長達四年，她放棄鋼琴時，最失落的其實是我。畢竟都學了這麼久，沒有堅持下去，甚是可惜。然而難過與可惜的感受是我的，與三三無關，所以我從不叨唸她練琴成效不彰。每一天都是新的開始，直到她告訴我，她想要自學英文，我才重新提及這段學習歷程。

過去的失敗，是今日的沃土。若沒有相似的經歷，每一次的決定都無法有參考坐標，親子對話也會相對無著力點。

當我提起過去學習的挫敗，詢問三三在逃離學習壓力後，是如何負起學習責任時，三三很快覺察到自己學習的模式，習慣退縮逃避。即便自己想要的自學，也因為懶散，而沒能擔起責任。

我問三三：「過去自學鋼琴和自學英文的狀況，你覺得如何？」

三三：「不好。」

我真誠的問：「我想要相信你，所以能不能告訴我，從過去的經驗中，我要如何知道你這次真的做了萬全的準備，而不是像過去一樣隨口說說，更不是想逃避英文的學習？」（**核目標**）

三三沉思了很久，眼神澄澈：「媽，我想通了，我不離開了。以後遇到不會的英文，就來問你或爸爸，這樣我就可以跟上進度，就不會想離開了。」

「這是你想要的方式嗎？」我問。（**核對**）

「嗯，我覺得這樣可以。」

「如果你是認真的，之前我也問過爸爸，爸爸願意教你。而且爸爸比我還會教，讓爸爸教你可以嗎？」我說。**（核對）**

「好是好，但我擔心爸爸每次教我都會生氣……」三三擔心。**（聽事、聽情）**

「爸爸跟我承諾，他這次會改變方式，你願意試試看嗎？」我說。**（核目標）**

「好，那就請爸爸教我。」

「三三，你願意再努力一會兒，我很感動，也很欣賞你。面對困境已經很不容易，而你卻努力想辦法去面對，這是我最佩服你的地方。」我將我的欣賞，告訴三三。**（心價值）**

三三點點頭，臉上有了笑容，有了新的力量。

我提及暑假英文自學，以及鋼琴學習，都是過去失敗的經驗。對話中，我從過去的失敗切入，從中提取成長的養分，以欣賞結束，這是對話的脈絡，清楚而簡單。但真正貫穿其中的，是父母一致性的應對姿態，以及日常生活中做出的示範。

父母愈寬廣接納孩子的失敗，願意隨時鬆動規範，陪伴孩子品嘗失敗，陪伴孩子面對失敗，那麼每一次的失敗，都是未來最好的成長跳板。

不完美才是完整

有經驗的父母都知道，與孩子對話當下，孩子承諾改善學習方式，大人都會感覺「這真是美好的結局呀」。然而孩子一轉身，現實的地獄才要顯現。

如前章提及，現實是殘酷的。孩子的承諾，有百分之九九．九九九，絕、對、做、不、到！因為這才是人性。

那剩下的〇．〇〇一是什麼？那是父母的小確幸。

現實的殘酷，並不全出自孩子，造成殘酷的是各種關係間相互的影響與拉扯。

當三三選擇留在原來的英文學習環境就讀，她的困難很快就來臨了。當她按照約定，遇到困難去請爸爸教她時，困境也悄然而至。

所有關係，我能管理的永遠只有我自己，其餘的都是變數，都得靠自己的穩定來影響、牽引、溝通。

當親子關係從兩人演變為三人或多人時，溝通也就愈加困難。

困境來臨那日，我坐在客廳，才剛剛目送三三走向她爸爸，幾乎只有幾秒鐘的時間，三三像變了個人，情緒激動、生氣且委屈的向我哭訴。

「爸爸又罵我！我就說不要給爸爸教，你都不聽。」三三既是向我抱怨，也是將爭執的責任推向我。

「爸爸怎麼罵你了？」（核對）

「爸爸說我不認真，還說我不按照他的方式，可是我有啊。」三三哭著說。

我看著三三，腦子裡思緒飛來飛去。

在此之前，我和爸爸談過三三的學習，爸爸主動跳出來自願教三三學習。爸爸的意願是有的，三三想學習的意願也是有的，但兩個人碰在一起，衝突依舊發生了。

「你和爸爸的衝突，不是我能控制的，也不是我該承擔的責任。但是如果你願意，我很願意陪你去和爸爸溝通看看，你想嗎？」我核對三三的意願。（核目標）

三三點點頭。

我和三三，一起來到爸爸面前。

但是一到了爸爸面前，我發現，我、三三、爸爸，三個人站的位置非常特別，蘊含非常多的訊息在裡頭奔流。

我和爸爸兩個人在書房內，三三則在書房門外，我站在兩人中間，我看得見爸爸，也看得見三三，但爸爸和三三是看不到彼此的。

這樣的位置、距離與姿態，是三三自己站定的，因此從這樣的姿態裡，我能感受到，三三仍舊渴望與父母有所連結；然而與爸爸有衝突的她，在仍然有情緒的狀況下，行為還無法允許她做出和諧、穩定的姿態來連結父母，因此只好透過位置，表達自己的憤怒。這一連串的表達，是從內（感受）到外（行為）冰山的顯現。

在《薩提爾的親子對話》一書中，我曾提及「位階高」的父母，是比較有話語權的。三三的困境，來自於爸爸，所以我選擇先核對爸爸。

我：「發生什麼事？怎麼跟孩子起衝突了？」

爸爸彷彿是一顆被拉開拉環的手榴彈，向我怒吼：「我不要教了，她的態度讓人生氣。告訴她先把題目解釋一遍給我聽，她不但拒絕，還對我發脾氣，她連題目都不想看，是要怎麼解題？」

書房外的三三聽見，立刻回擊：「不教就不教，我也不要學。」

兩個人隔空交戰。

我在戰火中受到夾擊。

爸爸有爸爸的教學方式，孩子有孩子的學習習慣，兩個人撞在一起無法磨合，這大概是所有家庭裡，熟悉但絕不溫馨的景象。

儘管他們仍在情緒上，但我是穩定的，因此目光所見，都是兩人的資源，父女倆賭氣對我而言都顯得可愛！

這真是一場可愛的衝突場景，我站在父女倆的戰火中，看著他們表面距離這樣的近，心裡的距離卻又像天和地那麼遠，而目標卻又一致的是為了讓三三學好英文。

目標既然一樣，又怎麼會爭執呢？是三三不願意學習？是爸爸的要求太過分？

事實上，成也觀點，敗也觀點。

爸爸覺得三三不認真，因為三三沒有按照爸爸的方式將英文題目先唸過一遍，所以認定三三沒有心思要學習。這是從爸爸的觀點看到的事件。

三三則認為，自己都有按照爸爸的方式學習，認定自己非常認真。這是從三三的觀點看事件的樣貌。

兩個人，兩個觀點，各據一方，沒有人想核對對方的意思，也就喪失了靠近彼此的可能。

我問爸爸：「之前我問你三三的英文不會該怎麼辦？你當時告訴我，你來教三三英文，你願意協助她學習，現在仍舊願意教她，對嗎？」（**核目標**）

爸爸：「當然，但她得用我的方式學，不然我就不教。」

我看向另一邊的三三：「你很努力想學英文，爸爸也願意教你，只是爸爸希望你

用他的方式學英文，你願意嗎？」（核對）

此處運用的是「一鏡多橋」的多人對話工具，引導父女倆走向彼此。

三三：「我願意學啊！但是爸爸一開口就罵我，他很兇。」（聽事、聽情）

我：「你的話我聽到了，爸爸以為你不願意用他的方式，原來你生氣的原因是爸爸很兇，是嗎？」（核對）

三三：「對，爸爸太兇了。」（聽事、聽情）

我：「你願不願意進來房間，直接告訴爸爸？這樣你們能看見彼此，也才能溝通理想的學習方式。」（核對）

三三：「我不要！爸爸一看到我就會罵我！」（聽事、聽情）

我轉頭問爸爸：「會嗎？爸爸看到三三就會罵她嗎？」（核對）

爸爸：「沒事我幹嘛罵她。」

我：「三三說學英文的時候你很兇，你願意用三三比較不害怕的方式教她嗎？」（核目標）

爸爸改變口吻，對著門外看不見的三三說：「三三，你過來，我不罵你，你進來我教你英文。」

此刻三三卻神情激動：「我不要，我一進去，你就會罵我，剛剛就是那樣，我告訴你我有認真，你卻不相信。」

三三的情緒高張，淹沒了理智，對著我咆哮：「我就說我不要學英文，我就說爸爸會罵我，你都不聽！我不要學英文啦！」（**聽事、聽情**）

我：「三三，請爸爸教你英文，是你自己的決定。你和爸爸吵架，我也很難過。爸爸答應不罵你了，你願意走進來自己告訴爸爸，你想要用什麼樣的方式學習嗎？」

三三：「我不要啦！來不及了！」

我：「三三，爸爸罵你，你是可以生氣的。但一吵架就不面對，問題仍舊存在，以後你還是得面對爸爸。爸爸現在就在這裡，只要你走進來，告訴爸爸你要的是什麼，就可以幫助你也幫助爸爸共同面對困難。要怎麼做，對你才是最有幫助的，你想一下，或者等你情緒發洩完，需要我時再來告訴我。」（**陪跑界諧星**）

說完，我將問題放下，留下父女兩人，一個在外一個在內，無聲的對峙。

我離開沒多久，就聽見三三與爸爸交談的聲音。聲音隱隱約約。

三三：「你要跟我道歉。」

爸爸：「對不起。剛剛是我太凶了。」

三三：「等等不能再罵我。」

爸爸：「那你要把題目唸一遍，試著解釋給自己聽。」

三三：「好，我盡量，不會的你要教我。」

父女倆很快達成協議，一同栽入學習英文的領域裡。

三三再次出現時，對我展露笑顏：「媽媽，我寫完英文功課了。剛剛對你太凶，對不起。」

我：「沒關係，學習自己不擅長的課業，本來就很不容易。你能堅持面對，需要很大的勇氣，代表你真的有想要學習英文的決心，很佩服你。」（**心價值**）

三三笑得燦爛也自信。

帶領孩子學習或在日常裡生活，爭執與衝突是無法避免的，畢竟完美不會永遠存在於現實生活中。但也因為有這些衝突，才能展現完整的生命樣貌，活力的、精神的、低迷的、困頓的，都是生命精采之處。衝突，對我來說，是讓親子關係的裂縫得到修補的機會，生命於是更加完整。

3 承擔「我不知道」

孩子在興趣中展現成就，成就帶來價值與自信，層層相互滋養，為學習帶來向上的動力，孩子便能承擔起自己的責任。

我在新北「炫心星自學團」擔任閱讀課老師，已邁入第四年，接觸的孩子多了，愈能看見每個孩子屬於自己的特色與資源。

在帶領孩子學習上，我視每個孩子為成熟的個體，給予信任的眼光。來往對話時，引發的不只是對閱讀的興趣，更多是他們學習的渴望，想要努力向上的心意。

記得有個孩子初來自學團時是八年級，識字量非常低，讀文章時經常出現斷裂式的空白。我對於不識字的狀態並不擔心，孩子從其他地方展現出才華，慢慢追上不足的識字量。如今三年過去了，當初那個大字不識幾個的孩子已成長為一個出色的高二生，對閱讀與創作充滿了喜好，更對攝影產生熱愛。

孩子發展興趣，在興趣中展現成就，而成就帶來價值與自信，層層相互滋養，渴望在他的內在儼然成為最好的向上力量，帶領他不斷往喜好的方向發展，如此不停的正向循環。孩子散發出來的生命力讓我欣賞與讚嘆。

這之間我做了什麼？

一如養育自己孩子，我僅給予孩子欣賞，將學習的責任還給孩子，相信他說的話，承諾的事，給他信任。

這一連串舉措，每一步驟都含有前述所有的信念與工具。以「聽核心」為對話基礎，以「陪跑界諧星」為輔助，以「欣賞」為目標，一步步重拾孩子的價值與對未來的期待。

將大關卡拆解為小目標

新學期，自學團來了一個插班生小碇。

小碇來自香港，因為疫情的關係，暫時跟家人回台北生活。

小碇能聽懂中文，也能說，溝通不是問題，但無法閱讀正體中文，在學習上注定要困難一些。

學期一開始，我給孩子們一項中文作業：上台報告一本少年小說的讀書心得。這項作業，需要有上台的勇氣，更需要有中文的閱讀和理解能力，而這些都是小碇沒有的。

小碇生性膽怯，不敢上台，又缺乏閱讀和理解能力，我該怎麼幫助小碇在這門課中有所學習？

在這項上台報告的作業裡，有三項指標能力。為了讓小碇也能學習，我撤去對他來說較為困難的閱讀，改為分享一首歌曲，無論是英文、中文或廣東歌曲，都可以帶來課堂上分享。

小碇聽到要上台報告，緊張得不得了。過去他從未有上台的經驗，喃喃自語：「我不知道怎麼做、我不知道該怎麼辦、我不知道……」

若孩子過去的學習狀況是低落的，長期沒有自信，面對挑戰時，容易說出「我不知道」。因為一旦說出「我不知道」，大人便會放寬對孩子的要求，甚至乾脆不關注。長此以往，孩子更不知道該如何面對挑戰。

為了帶小碇走出困境，我將他的難題拆解成一個又一個的小目標，讓孩子面對挑戰時，先鬆綁壓力，再搭配清楚步驟，一個一個提點：

- 會用手機或電腦嗎？（會）
- 平常會聽歌嗎？（會，但不太常聽）
- 從之前聽過的歌曲裡找一首，告訴導師歌曲的名字，會困難嗎？（不會）
- 下週把那首歌帶來課堂上，看是列印歌詞或請導師協助找到歌曲的連結，讓我在課堂上播放這首歌，能嗎？（能）

逐步確認每一步驟小碇都做得到。下課前我告訴小碇，執行時遇到困難，隨時向我或導師求救，可以嗎？他點頭表示可以。

在這段對話的引導中，我將大問題化約成小目標，讓孩子感覺自己有能力接受挑戰，是很重要的步驟。

有時候，孩子容易將目標定得太高，或將問題想得太難，長久下來就容易有自我放棄的慣性。這時，大人可以做的，就是將目標調低，讓孩子有容易達成的成就感，再一步步往下學習，這是非常重要的陪伴方法。

給予信任，相信孩子的承諾

隔週，孩子們輪流上台報告，這是檢驗承諾的時候。

好不容易輪到小碇時，小碇卻一直告訴我：「我不知道。」面對小碇的「我不知道」，我決定暫緩課程，邀請班上同學陪小碇一會兒，陪他走一段學習的路。

我：「你的作業呢？」（核對）

小碇：「我不知道。」

我：「你不知道要交作業？還是不知道怎麼做作業？」（核對）

小碇：「我知道要做作業，但我不知道要怎麼做。」（聽事）

我：「上週我問你能不能找一首歌，你當時回答可以，你還記得嗎？」（核對）

小碇：「我記得，可是我不會，我不知道怎麼做。」（聽事）

我：「沒關係，我們來聊一聊你遇到什麼困難。」（核對）

小碇：「我就不知道。」（聽事）

我：「這樣吧，告訴我，你為你的不知道做了些什麼？」（核對）

小碇：「蛤？什麼意思？」

我：「我的意思是，上週回去之後，在你不知道該怎麼辦的時候，你都做了些什麼？我記得上週你告訴我，你會用手機聽歌，是嗎？」（核對）

小碇：「對，我會用手機聽歌，所以我有用手機去找歌。」（聽事）

我：「哦！聽起來你是有努力的，你用手機上網找歌，你有試圖為你的作業盡責，對嗎？」（核對＋欣賞）

小碇：「對！我有找歌！」

我：「我很高興你有為作業負責，我欣賞你的負責。那麼你找到什麼樣的歌曲呢？」（核目標）

小碇：「我還沒找到，我不知道該找什麼樣的歌。」（聽事）

我：「你不知道該找什麼樣的歌呀！聽起來你很迷茫。能不能告訴我，當你很迷茫的時候，都做了些什麼？關手機？還是一直滑手機找歌？」（核對）

小碇：「我一直滑，但找不到歌。」（聽事）

我：「你雖然迷茫，但是你有努力呀！至少沒有立刻放棄，而是一直找，是嗎？」（核對）

小碇：「對！我有努力。」（自我價值）

我：「我很欣賞你願意努力，雖然沒有找到你想分享的歌曲，但至少我知道你是願意努力的，這點對我來說非常重要。所以你並不是嘴裡嚷著不知道，就完全不去面對了。相反的，你雖然嚷著不知道，但你還是非常努力想面對我給你的作業，我很感動。」（**心價值**）

小碇：「嗯、嗯。」

我：「功課還是要交（**界規**），雖然這禮拜沒有完成，但你很努力，所以我願意再等你一週。回去之後再找找看，如果真的找不到，就將手機裡的第一首歌拿出來分享，這對你而言有困難嗎？」（**核目標**）

小碇：「應該沒有。」

我：「下週上台報告，不管是什麼歌曲都可以，你做得到嗎？」（**核目標**）

小碇：「可以，沒問題。」

我將欣賞與價值透過對話傳遞給小碇。儘管小碇沒有完成作業，但在對話中，他的未完成是被我接納的，他的努力是被我看重的，於是小碇就能在我的欣賞中奠定自己的價值，並且提煉出更多勇氣，繼續往前努力。

隔週，小碇如期繳交作業，上台做了生平第一次口頭報告。儘管過程中小碇很緊張，但他非常勇敢的面對緊張，完成報告時，他展露出欣喜和驕傲的笑容。

我欣賞他的勇氣，也欣賞他帶來的歌曲，感謝他願意分享自己很喜歡的一首歌，以及詮釋詞曲背後的含意。小碇無疑跨出非常大的一步。

對話，能帶來力量，帶來覺知，而覺知為小碇的學習帶來向上的動力，於是孩子便能承擔自己的責任，這便是好的對話帶來的影響與能量。

4 接納 以豐富的眼光

大人要刻意練習，磨練看穿冰山的豐富目光，讓衝突在對話的引導下，成為貼近孩子的最好機會。

寧靜的餐桌，突然被姊弟倆的爭執聲淹沒。

姊姊川川大聲的告訴弟弟一一：「不行，你不要再切了！蛋糕都被你切壞了！」

川川說完後，自己先崩潰了。

接著，一一跟著全身繃緊、大聲尖叫。

川川憤怒不已，也對著一一尖叫。

兩個孩子就這麼槓上了。

以尖叫、以崩潰、以毀滅之姿。

衝突的表象

手足戰爭，是家庭常見的場景。

這時，爸爸走進戰局，面對孩子的尖叫和崩潰，情緒湧動，呵叱：「吵什麼！」這是父母常見的反應，因孩子爭執而感到煩躁，所有思緒都受到影響，無法對孩子的爭執提出有意識的核對，一場親子戰爭沒有意外的即將登場。

川川用高昂激烈的聲調解釋：「是弟弟！叫他不要切，他就不聽！都是他！」

（事件）

一一抗辯：「我要切！我要切！」

川川尖叫：「你不能切！」

爸爸：「川川，你很吵耶，為什麼每次都用這種方式講話？我一直聽到你尖叫和生氣的聲音。」**（觀點）**

爸爸的焦點，從原本的姊弟爭執，轉變為對川川表達事情的方式有所不滿。爸爸的觀點裡帶著指責，川川將為爸爸這個不符合她期待的觀點，全力抗爭。

川川尖叫：「我哪有！明明是一一，我又沒怎樣。」

對川川而言，這是為自己伸張正義；但對爸爸而言，這是叛逆的頂嘴行為。

親子戰爭瞬間風起雲湧，若是父母的身心長期疲累不安定，在此時就會想以更高壓的方式壓制孩子的不禮貌行為，以暴怒情緒為手段。

如果此刻先生懂得先關照自己的內在，啟動「覺知手，允納心」六大自我安心防護，也許就能用更宏觀的眼光看待川川和一一爭執的故事。

故事（**事件**），永遠是一體多面，如同一顆皮球。在太陽的照射下，皮球會顯現陰暗和明亮面，更會有陰明交界的灰色地帶。但不管明暗怎麼變化，那永遠是一顆皮球，這是絕對不會改變的事實。

因此，所謂觀點，意味我們看見的事物樣貌，只能代表部分事實，卻不是故事的全貌，更不能代表孩子的本心。

要如何看到故事的全貌，取決於我們與故事的距離是否夠遠，眼光是否夠豐富。

拉開距離看衝突

當時我就坐在離他們一步之遙的距離，目睹這一切發生。我看著兩場戰爭在眼前演繹，從我眼光看出去，與先生所見截然不同。

今年八月暑假，我帶孩子在中部展開近一個月的生活。無事的白日，我陪孩子學習、閱讀，日子很快過去，不過生活總有零星爭執穿插其中。

這日我坐在客廳，看著川川和一一的爭執，覺得這是個難得的經驗，因為我看見的不是紛爭，而是閃亮亮的寶石。

事情的起頭其實很尋常，爸爸剛演講回來，和往常不同的是，這次他手上拿了兩盒蛋糕。

爸爸將蛋糕放在桌上，就進去房間裡洗漱換衣。一旁的川川和一一，看到兩份蛋糕興奮極了，眼睛發亮，咂咂口水，雙雙用最快的速度打開距離自己最近的蛋糕。

川川動作比較快，打開蛋糕盒後，又快速拆開刀子，正準備切蛋糕時，轉頭一看，一一竟然也打開另一盒蛋糕了。

川川大叫：「唉唷，不要開啦，我已經開了一盒，你還開這盒幹嘛。」

一一不願屈服，因為他也想要一盒自己的蛋糕。姊弟倆唇齒抗辯一陣，又互相拉扯，川川眼看說服不了弟弟，左右為難之下，只好把自己那一盒給弟弟，只為保全另一盒的完整。

川川：「我這盒已經開了，給你，你那盒不要拆，我們一起切一個就好。」

弟弟欣然接受了。

然而，交換完蛋糕後，記性不怎麼好的川川一恍神，順手就將手上的刀子插入眼前剛換回來的新蛋糕，漂亮的切下一塊。她似乎忘了剛剛跟弟弟交換蛋糕的原因，是為了保全一份完整的蛋糕。

一旁的弟弟也有樣學樣，迅速拆開另一把刀子的塑膠套。

川川一轉頭，發現弟弟即將拆掉另一支刀子的塑膠套，立刻嚷嚷：「不准拆，不要拆，不能拆。」

弟弟畢竟是直腸子，川川努力了半天，拗不過弟弟的執著，只好拐彎想辦法。她將自己手上用過的刀子讓給弟弟，這樣就可以保全那把新刀子。

弟弟接過川川用過的刀子，很快投入在切蛋糕的世界裡。

而川川呢，保全刀子之後，一回神，看見自己的蛋糕才切了一片，又看看自己手上還包著塑膠套的刀子，很自然的把塑膠套拆開，滿足且專注的切起蛋糕來。

然後，我的眼前上演著，川川專注的切著蛋糕，一一狂亂的切（捅）著蛋糕，兩人沒有交談，專注而寧靜的沉浸在自己的世界裡，片刻的和諧。

和諧沒維持多久，可愛的川川似乎想起了什麼，抬頭看了眼弟弟，發現蛋糕被捅成馬蜂窩，立刻尖叫哀號制止，前述的爭執，於焉展開。

挖掘冰山底層的寶藏

當爸爸介入孩子間的戰爭，看到的是川川帶頭把蛋糕捅成馬蜂窩，還不時夾帶尖叫與崩潰，於是對川川說的那句話是：「川川，你很吵耶，為什麼每次都用這種方式講話？我一直聽到你尖叫和生氣的聲音。」

爸爸看到的是表面事件：馬蜂窩蛋糕、脾氣暴躁的川川、講話刻薄的川川、誘引弟弟也情緒崩潰的川川。

這些事件，匯聚成單一面向的故事。在這個故事裡，所有錯誤都是川川造成的，因此爸爸的話顯露指責的意味。

川川該接受爸爸的指責嗎？

對川川而言，故事的全貌並不是爸爸看到的那樣呀！她在過程裡，是那樣努力的想維護美好的蛋糕，然而爸爸這樣一說，不就等於抹煞了她的努力嗎？

當我們這樣看待故事，就能明白川川為何對爸爸發出怒吼：「我哪有！明明是一一，我又沒怎樣。」

從川川行為的歷程來看，她說的一點都沒錯：為了保全其中一份完整的蛋糕，不惜退讓，大方跟弟弟交換蛋糕的川川（只是她記性不好，交換後就動手切了蛋糕）；為了保全新的刀子，不惜把自己用得順手的刀子跟弟弟交換（可惜她記性依舊不好，一回頭立刻拆開新刀子）；為了讓一切都在控制中，她不惜用尖叫怒吼來掌控一切，只為了讓爸爸媽媽看到最好的樣貌（可惜爸爸看到的是被捅過的蛋糕以及川川暴躁的情緒）。

我以豐富的眼光看待孩子，所以看見川川的內在是：勇敢、退讓、大方、良善且美好的。而川川的所有行為，都是一道道指向冰山底層的寶藏，晶晶亮亮，紋理豐富，需要大人不斷刻意練習，磨練看穿冰山的豐富目光。

為了證實川川如我所見的那樣豐富，我介入了故事，在爸爸面前向川川核對我所看見的故事。

我：「你其實是想切蛋糕給大家吃，對嗎？」（核對）

川川：「對，爸爸誤會我了。」

川川的委屈被人理解，情緒立刻削減了大半。

我：「但是因為弟弟也想切蛋糕，你怕蛋糕被弟弟切醜了，為了保護蛋糕，你剛剛還跟弟弟交換蛋糕，是不是？」（核對）

川川：「對，我很認真的想保護漂亮的蛋糕，爸爸都不懂。」

我：「剛剛我還看見你和弟弟交換了刀子，是為了什麼？」（核對）

川川：「因為弟弟的刀子是新的，我已經拆了一支刀子，不想他把新刀子也弄髒。但後來我忘記保護好新刀子，對不起。」

川川的行為，和我理解的故事，透過核對，幾乎如出一轍。

我：「謝謝你想切蛋糕給我們吃，你切的蛋糕整齊又漂亮，我能感覺到你很用心。」（欣賞）

川川擦擦眼淚，笑了：「對啊，我很認真切耶，爸爸都不懂，還是媽媽最懂了。媽媽，這塊蛋糕給你吃喔。」

透過簡短的對話，川川被理解也被認同了，爸爸也從中看見故事的全貌。爸爸向川川道歉，川川不計前嫌，也為爸爸切一塊漂亮的蛋糕。衝突在對話的引導下，成了貼近孩子的最好機會。

5 對話 打造和諧時光

掌握聽孩子說話的最佳時機，簡短的時光，就能展開和諧、有品質的親子對話。

與孩子相處，在日常生活中無從選擇時機，然而對話的時機卻是可以選擇的。如前，我提及陪伴大女兒三三面對小考六十二分的低谷。孩子們放學回家後，我習慣問候他們在學校的生活如何。那天三三回來後，我正在廚房煮飯，她便在廚房駐足，和我小談了一會兒。我們便透過這一小段時間的對話，簡短但完整的一起面對小考六十二分這件事。

這樣的對話也能展現在陪孩子上學的短暫路程上。

每天，我都會接送孩子上學、放學。只有兩個孩子上學時，多半會騎機車，若是三個孩子一起上學，則改以開車接送。

開車的路上，是和孩子聊天、說故事，聽孩子說話的最佳時機。

和諧、有品質的親子對話

三三小二時，某天上學路上，她提及今天又要考國語小考了。

三三對於小考並不排斥，但對於考國語，卻顯露煩躁的神情。（**聽情**）

我問：「怎麼了？」

三三：「昨天小考數學，我考了九十八分，只錯一題，少算一隻蝴蝶就能得到一百分。」（**聽事**）

三三說，數學很簡單，所以她比較喜歡數學。而國語，她總是考不好，所以她希望國語考試統統不見，只要數學考試就好。

聽了三三的話，我笑了。

我一邊開車，一邊問：「你的願望有可能會實現嗎？」（**核目標**）

三三：「怎麼可能實現，老師怎麼可能只考數學。」

我：「既然不會實現，今天要考國語，你怎麼辦？」（**核對**）

三三：「就考啊，也不能怎麼辦。」（聽事）

我：「你的意思是，就算討厭考國語，你還是願意去面對，是嗎？」（核目標）

三三：「是啊！考就考吧。」

我：「你討厭國語考試，是因為你總是考不好，是吧？」（核對）

三三：「對啊。」

我：「那今天小考，你期望能拿幾分呀？」

三三：「我還是希望考一百分啦。」

我：「三三，你討厭國語，但你還是期望自己考一百分？你很努力，沒有放棄，是嗎？」（欣賞＋核目標）

三三：「當然，我一直很努力。」

我：「我喜歡你的努力。比起分數，媽媽看重的是你努力不放棄的心意。雖然你期望自己考一百分，但是媽媽覺得，只要期望考得比上次好就行了，滿分畢竟過於難得。」（心價值）

三三小聲說：「那萬一我考得比上次更低分怎麼辦？」

我：「你覺得應該怎麼辦？」（核目標）

三三：「我覺得，就繼續學習，直到把它搞懂。」

我：「是啊，考壞了，媽媽從沒罵過你，所以有什麼好擔憂的呢？」（核對）

三三：「是沒什麼好擔憂的，但誰想考低分呀，考低分心情就不好。」

我：「確實，沒有人想考差。其實上次和你一起練習造句，我能感覺你的造句能力是非常好的。媽媽只要稍作解釋，你就完全會了。這代表你對於國語，還是有很拿手的地方，對嗎？」（欣賞）

三三：「也是啦！媽媽講完，就變簡單了。但我還是好怕我不會寫，所以希望不要考國語，只要考數學就好了。」

我：「如果能許願的話，我希望三三能照顧好身體，快樂的去上學，遇到困難就接受它，然後放假的時候，全家一起開心去玩。」（心價值）

三三笑了，開心的笑了。

孩子的爸爸也在一旁為孩子加油。

爸爸：「媽媽說的，都是爸爸想說的，努力就好。」

車子到了校門，三三展露笑顏，開心和我們說再見，面對她的國語小考去了。

我知道，這些對話，對三三的考試成績一點幫助也沒有。但這番話卻對她心情的穩定，甚至往後她面對困境時，有極大的助益。那比任何物質的支持都有意義，也才是真正陪伴孩子長大的基石。

對話的意義，父母的價值，為打造孩子面對各種困境與情緒的能力而存在著。父母選擇的和諧時光，即使短暫，對孩子內在發展有一定助益。我利用送孩子上學的路程，在車子小小的空間裡，短暫的和諧時光中，展開幾句簡短的對話，便能與孩子有所連結。這是一次有品質的交談，連結了孩子的渴望，也連結了愛，孩子的自信與價值也於此生長。

6 連結渴望　愛一直都在

愛，躲在生活瑣事裡，躲在話語的片刻裡，躲在我們的選擇裡，
只需細細體會，並且時時刻刻擦亮它。

渴望，是冰山底層非常重要的一環，建構了一個人的能量。而愛，是渴望的層次裡最重要、也是最需要給予孩子養育的基礎。當渴望被滿足或被連結之後，生命力便能飽滿了。

孩子的渴望（愛），是由父母所給予，而父母亦可以從孩子的反餽裡獲得愛。然而當父母不在，孩子的渴望該如何繼續汲取？

只要自己願意繼續連結，那麼過去所有發生的事，都不會白費。我們依然可以透過思念、回憶或重新詮釋，去擦亮那份愛，因為愛一直不曾離去。

每年的父親節，我都格外想念父親，以及往日父親那些點點滴滴的愛。

從小，我的父母離異。母親離家之後，父親一個人忙碌的照顧四個孩子，使得我整個童年，都在思念母親裡度過。

長年的思念，讓我一直都處在孤單的感受裡，無法感覺到愛與被愛。

愛的具體行動

幼兒園的一次母親節園遊會，母親注定要缺席。父親怕我孤單，特地扛著單眼相機，在會場裡拚命為我拍照，想要療慰母親缺席的巨大失落。然而會場裡來的都是母親，只有我例外。我因父親的獨特，看見自己的傷，因而以憤怒回應父親的愛。

父親一直是愛我的，只是我選擇與悲傷、孤單在一起，對於父親的愛，我選擇視而不見。

國二時，父親擔任校內輔導主任。他為了給我愛，特別花心思與力氣，主辦了一場「單親家庭聯誼會」，招待全校所有單親家庭的孩子和父母，一起出遊到風景區歡唱烤肉。

那時我非常不喜歡這類活動，彷彿標誌了我與正常人不一樣。面對父親老是掛在嘴上的那句「我們雖然是單親，但照樣能和雙親家庭一樣幸福」，我痛苦極了。

父親的愛，成了我巨大的負擔。

專二那年，每個週末，我都會乘坐哥哥的機車回家。某日才剛到家，不知怎麼竟然和哥哥為了小事發生口角。我覺得被哥哥誤會了，為了捍衛自己的清白，我以生氣來表達不滿，以具體行動（立刻拎起行囊搭車返回學校）來證明自己對這件事情是相當重視的。

當我抵達學校撥電話回家報平安時，父親對我說了一句話，那是讓我永生難忘的愛。父親說：「阿娊兒（女兒），你委屈啦，爸爸知道你委屈了。」父親用語言靠近了我的感受，我的眼淚立刻奪眶而出。

父親的溫暖，給了我支持的力量。

從那之後，我開始細細思索過去父親所做的一切令我感到痛苦的事。於是我慢慢能看見，在那些讓我痛苦的行為裡，有著父親給予我獨一無二的愛。

專科的每個週末，父親都會邀我去福利中心採購日常用品。父親從不限制我購買任何食物，不管是八寶粥還是餅乾，父親從不拒絕我。我想他可能擔憂我住校會餓著，所以只要是我想吃的，他從不說「不」。

我童年時，父親很愛滷豬耳朵，而我很愛吃剛滷好的豬耳朵。記得一次我就在廚房的餐桌邊，將父親剛滷好的四副豬耳朵，當場吃掉了一副，父親沒有責罵，反而呵呵大笑。

父親以豐富的眼光看待我，他看到的不是我的無禮，而是我以行動讚譽他的料理是多麼美味，這對父親而言，是最好的欣賞。

婚後，每個月返家探望父親，與其說探望，不如說是重溫父親的愛。父親總在我返家前，為我準備碩大的水梨，只因他知道他摯愛的女兒愛吃。

我生養孩子之後，父親最常對我說的是：「你忙，好好照顧孩子，不用忙著打電話回來，老爸爸沒事。」

老爸爸沒事，沒事的老爸爸，單親的家庭，也值得快樂。這是父親傳遞給我最巨大的愛的展現，也是建構自我價值最根本的來源。

愛一直都在，如果能以豐富的眼光看待事物，會發現每件事物或行為，都有愛的含意滲透其中。

雖然母親在我的成長過程缺席，但自從自己當了母親，我也更能理解她，以及她身為母親的困境。

看見母親的渴望

母親是長女，國小尚未畢業，已身兼照顧弟妹的責任。上小學時，還得背著弟弟到學校，一邊照顧年幼的弟弟，一邊認真念書。

母親幼時，沒有童年，只有責任，無止境的責任。

好不容易國小畢業，由於弟弟妹妹愈來愈多，她只能輟學，開始工作，減輕家裡的負擔。

母親直至十九歲嫁給父親為止，都在工作中度過。長久以來，始終沒有真正的玩樂，也沒有童年的歡笑。

母親最年幼的弟弟，和她自己孕育的第一個孩子（我的兄長），只差兩歲。意思是，母親懷孕之前，母親的母親才剛產下一子。兩人的兒子，年齡可以做兄弟，但一個是舅舅，一個是外甥。

母親生我時，已經二十九歲。她花了整整十年時間，生了五個孩子。老大因為早產缺氧過世，其餘四個孩子健康無虞的成長著。母親這一輩子，在走進婚姻之後，可以說是完成了大半。

這樣的母親，從小艱辛的帶弟弟長大，結婚後又撫養自己的孩子。她從來沒嘗過玩樂的滋味，玩樂於她而言是奢侈的。而她的丈夫是個堅毅務實的老實之人，只想好好的安穩生活，玩樂於他是多餘的。

這兩個對生命有不同經歷的人，對未來有著不一樣的期待，兩人透過婚姻，將彼此的生命緊緊結合在一起，考驗與磨合自然不小。

母親在我五歲時，結交了一些好朋友，找到了可以填補過去沒有被滿足的期待（玩樂），在朋友的簇擁下，母親奮不顧身的出走，只想為自己活一次。

所以我是這樣看待母親的離家出走：「一個辛苦三十年的女人，終於找到志同道合的玩伴，過去沒有滿足的遺憾，自然而然成為下一階段追尋的目標。」

這是我詮釋母親的行為，亦是我想要選擇的觀點，以更貼近母親的位置，看待整個世界。

即便當時我才五歲、仍是個需要母親照顧的孩子，但我所選擇的觀點，卻義無反顧的站在母親的位置，來看待她的離去。對我而言，這是毫無懸念的選擇，也因為這個選擇，為我帶來理解與愛，讓我能繼續與母親連結，因為我非常愛我的母親，願意她去做自己，完成她的遺憾，這是我願意給予她的愛。

也因為觀點的選擇，我對我的母親，一直保有著最單純的愛。

時光走過了落葉，走過了流水，走過了風走過了雲，我從來沒有改變這個觀點。母親雖是母親，但也是她自己。從那之後，我和母親走上一條幾乎沒有交集的道路，我也走過童年，走向成年。

表達愛的方式

今年中秋節，我打了通電話給母親，問候生活也問候身體，順道告訴母親，中秋節我想帶孩子去她那裡烤肉。

言談間，母親嚷嚷：「你們兄妹幾個，沒事的時候都不會打電話來，每次都是有事才打來。」

母親言下之意是，我都是為了去吃飯，才打電話給她。

我笑著說：「是啊是啊，因為你煮的菜好吃啊，想要吃好吃的料理，我就會想起你了咩。」這是我的撒嬌。

我的談笑裡，有著我的接納。我允許母親做自己，也允許母親有這樣的觀點，但同時，我更允許自己以這樣的方式與母親相處。對我而言，愛是一直存在的，以各種面貌和方式存在。我和母親的愛，需要透過一定的安全距離，才能完整的表現出來。

從母親的觀點裡，可以看出她的期待。她可能想說的是：「平常我也需要關心，希望沒事你們也會打電話來問候我。」

我沒有回應她的期待，也沒有任何反駁的言語，我只是笑。畢竟，母親離家多年，與我的距離，不管是實質或是心靈，都是遠的。即便我很愛她，但我表達愛的方式，是無法和童年一樣的。

那是歷經時間堆疊出的城牆，無法回到從前的黏膩相處，畢竟我長大了。長大後的我，是懂得先照顧自己的成人，在距離的拿捏上，有著安全的考量。在這安全距離下，我才能展現最大的意願與母親有愛的連結。在此之前，我必先愛自己，才能愛他人。而我的連結方式，儘管母親不是很喜歡，卻是我目前最好的方式。

在我的觀點裡，「吃飯」是我能向母親撒嬌的話語，也是我與母親連結的方式。那份要求裡，有著我對母親過往的記憶，母親的飯菜，總是用心與美味。

觀點，是可以選擇的，母親將「吃飯」視之為「有事才聯絡」，那是母親的選擇。這樣的選擇，對母親而言是比較辛苦，因為她在等待一個想像，等待眾多孩子真正的關心。那份關心是以沒有目的性的方式來電問候，但那畢竟只存在於母親的想像，現實生活中，是很難達成的。因此對於母親的期待，我無能回應。既然是母親的選擇，母親只能承擔期待後的失落，而我也毋須要求母親改變原則，我尊重每個人看待事物的觀點。

但對我而言，「吃飯」是非常有意義且重要的，因為那是我能與母親連結的重大表達方式。歷經了整個童年的蒼白與孤單之後，那是我所能給出較好的連結方式，這也是一種「觀點」的選擇，不管母親懂或不懂，我將繼續以此與她連結，這是我愛她的方式。

母親可以繼續選擇觀看事物的方式，而我也可以選擇表達愛的方式，兩者沒有衝突，我們自然的在微妙的平衡點上，繼續母女的情誼。

我不強求母親對我的理解有所改觀，一如母親也從未強求我遵照她的期望給予關心，她向來只是嚷嚷，卻從不逼迫。我尊重母親的生存方式，母親也尊重我的選擇，我們各自承擔選擇的後果，我們都是自由的。我深信我們對彼此都有著深刻的愛。

愛，一直都在，躲藏在繁雜的生活瑣事裡，躲在話語的片刻裡，躲在我們的選擇裡，我們只需細細體會，並且時時刻刻擦亮它。

三

情緒篇

SATIR

在冰山層次裡，在水平面底下的第一層，是感受層。感受時時刻刻與我們為伍，深刻影響著日常，牽動著我們的表達與生活方式，例如：孩子考試挫敗，難過得哭了，從此拒絕上學。這是孩子常見的以情緒處理問題的方式。

不只孩子，大人也經常以情緒帶動行為，進而影響關係，如：父母覺得孩子沒有盡本分讀書，生氣的苛扣孩子的零用錢做為懲罰，孩子因此不再與父母連結。

感受（情緒），是自然的正常能量，為了調節身體與心理機制而存在。然而過去我們從未學習該如何正確回應他人情緒升起所衍生出來的行為，也因此，在面對孩子的情緒與行為時，大人總顯得疲於奔命、手足無措。

在這裡，我特別將感受的層次獨立拉出來，想以此喚起父母對感受的重視，並且以孩子成長過程較常出現的情緒與行為為例，示範大人如何更穩定的應對，才能引發孩子的覺知，讓孩子生出力量。

1 焦慮 分離焦慮

展現耐心，給孩子時間，
陪伴孩子從虛幻的擔憂裡走出，在現實中生出面對焦慮的勇氣。

面對焦慮的時候，我們必須先理解「焦慮」這份情緒，在身體裡扮演著什麼樣的角色。

當情緒湧起時，如：憤怒、緊張、悲傷等，會引起身體驅動交感神經的運作。例如遇到危難時，我們會感到震驚或害怕，這份情緒會引導身體啟動交感神經，藉此提升逃跑或應變的生存能力，於是我們會變得力大無窮，我們可能跑得比馬還快。原因是，交感神經運作會暫時關閉身體機能，如：飢餓、如廁等感知能力，以達到最好的（戰或逃）身體運行效果。

所有情緒湧起時，全部的情緒都會啟動交感神經運作，除了一個例外，那就是「焦慮」情緒。

面對想像出來的敵人

為什麼「焦慮」會特別與其他情緒不同？

因為焦慮是「事情還沒發生，純粹靠想像」的情緒，例如：「對於即將上台演講感到焦慮」、「要比賽了好焦慮」，也就是事情還沒真正發生，只透過想像，就感覺恐懼壓頂。其他情緒則是「事情已經發生才產生」的，如：考試考不好，心情沮喪；寵物死亡，傷心哭泣。

理解焦慮情緒的不同，就能明白敵人是「孩子想像出來」的，父母該如何協助孩子面對虛幻的敵人？只要將孩子的想像落實在現實生活中，並轉化為實際行動，是帶領孩子面對焦慮的關鍵。

川川四歲上幼兒園，剛入學的前三天，一切都很新奇，她沒有出現幼兒經常發生的分離焦慮。然而經過一個家庭旅遊的美好假日，川川上學時，出現了恐懼、害怕、擔憂的情緒。

原以為這是川川一時的反應，應該會隨著環境日漸熟悉而減緩，沒想到這樣的恐懼竟持續了兩週，而且還愈演愈烈。每每我要離開幼兒園，川川難分難捨的情況愈來愈嚴重。

經過沉澱，我決定正視川川的情緒，回應她的期待。

那是一個週一的早晨，我如常牽著川川的手，愈靠近幼兒園，川川的焦慮愈來愈明顯，直到進了幼兒園，她哭了，哭得比前幾天還要悲傷。

我：「怎麼哭了？」（核對）

川川：「我很害怕。」（聽情）

我：「你害怕什麼呢？」（核對）

川川：「我怕老師罵我。」（聽事）

我：「老師之前罵過你嗎？」（核對）

川川：「沒有。」（聽事）

我：「因為看到同學被老師罵，所以害怕嗎？」（核對）

川川：「沒有，沒有人被罵。」（聽事）

我：「也沒有呀，那你害怕什麼呢？」（核對）

川川：「我怕我不乖，會被老師罵。」（對未發生的事情有焦慮）

我：「川川，我可以說你是個很有紀律的孩子嗎？」（欣賞）

川川：「什麼？」

我：「因為你並沒有不乖，但是藉由害怕，你非常努力想讓自己乖乖聽老師的話，是嗎？」（核對）

川川：「對，可是我怕我一不乖老師就會罵我了。」（聽事）

我：「……你是擔心自己會不小心不乖是嗎？」（核對）

川川：「嗯。」

我：「……這樣呀，你覺得你會很不乖是嗎？」（核對）

川川：「不會，可是我就是怕忘記。」（聽事）

我：「當你真的忘記的時候，你會怎麼辦？」（核目標）

川川：「不知道。」

我：「如果你真的因為不乖而被老師提醒，你會立刻安靜下來，乖乖聽老師上課，還是會繼續吵鬧？」（回到現實＋核對）

川川：「當然會安靜啊。」（聽事）

我：「那你能接受老師提醒嗎？」（核對）

川川：「可以！」

我：「那老師提醒你以後，你還會害怕嗎？」（核對）

川川：「應該……會吧。」

我：「媽媽知道害怕的感覺，你能接受自己害怕嗎？」（核對）

川川靜默了許久，微微的點著頭。

我：「現在感覺怎麼樣？」（核對）

川川：「還是有點害怕。」（聽情）

我：「剛剛是很害怕，現在只剩下有點害怕，你一直很努力，是吧？」（核對感受、行為＋欣賞）

川川：「嗯，我會一直努力。」（聽事）

我：「媽媽很欣賞你的努力，現在準備好進教室了嗎？」（欣賞）

川川：「我想進教室，但是我還沒準備好。」（聽事）

我：「謝謝你這麼勇敢，謝謝你沒有被害怕打敗。雖然感覺害怕，但你還是很努力的想進教室。」（**心價值**）

川川點著頭。

我：「那需要我等你嗎？」（核目標）

川川：「要，媽媽等我。」（聽事）

我：『好，我等你。等你準備好了，你會跟我說嗎？」（核目標，將具體的責任交付孩子）

川川：「會。」

川川說完，不知怎麼的，整個身子的重量越發壓在我身上，頻頻拭淚。我感覺她一直告訴自己要勇敢，但眼淚卻不斷流下來。

我：「你還好嗎？需要我幫你什麼嗎？」（因為川川表現得虛弱無力，因此我再度重新啟動對話）

川川微微的搖著頭，但眼眶還是泛著淚。

我耐心的守候著川川，我們之間湧入大量的留白。

幾分鐘過去，我問川川：「你準備好了嗎？」（核對）

川川：「還沒，媽媽，我還是會怕呀。萬一你不在的時候我又害怕了，我該怎麼辦？」說著說著川川又害怕的掉下淚來。（聽事、聽情）

我：「是啊，你害怕的時候，萬一媽媽不在身邊，你要怎麼辦呢？」（核目標）

川川：「我就是不知道呀。」

我：「萬一真的不小心被老師罵了，你會再度努力認真聽老師的話嗎？」（核目標，再次將焦慮轉化為具體行動）

川川：「會！」

我點點頭：「媽媽很欣賞你的努力。這樣吧，目前川川只要先做到努力聽老師的話就好。萬一你不乖，老師罵你，你回家告訴我，我們再一起來想辦法，你覺得這樣好嗎？」（核目標，將困難拆解成小目標）

川川點點頭。

我：「你現在感覺比較好些了嗎？」（核對）

川川微微點著頭。

我：「那現在還需要我再等等你，還是你準備好進教室了？」（核對）

川川陷入大規模的靜默，她拚命的擦著淚，似乎準備向我宣告她準備好了，只是眼淚總是比話更快流出來。

我沒有焦急，只是耐心的等待川川，畢竟她才四歲，要一個內心充滿恐懼的四歲孩子勇敢去上學，是一件多麼不容易的事。即便是大人，要進入陌生環境，融入新團體，也會感到非常焦慮。

因此，我等待川川的時間是完全沒有設限的，只是給予她無止境的等待與包容。

十幾分鐘過去了，川川終於勇敢的從我身上離開，擦著淚水，對我說：「媽媽，再見。媽媽，我愛你。」

我望著她淚痕未乾的臉龐，內心是感動的。孩子憑著自己的勇敢與努力，自主跨出這一步，於她而言，是巨大的一步，不容易呀。

在這之後的每一天，我以同樣的對話方式等待川川，我邀請她自己感覺「準備好了」，由她來向我說再見。除了第一天等比較久，約有三十分鐘，接下來的每一天時間都逐步縮短了，川川有著驚人的進步。她更有自信，更有勇氣面對學校，展現出來的樣態也更為迷人。

直至第五天，川川頭也不回的進入教室，放下書包，整理完個人物品後，才抬頭大聲的跟我說：「媽媽再見。」

我也大聲的回應：「川川再見。媽媽愛你。」

母女倆隔著距離相視而笑，眼裡各自有著對彼此的依戀與感動。

展現耐心，給孩子時間

與分離焦慮的孩子對話，除了「聽核心」主軸不變，還有兩個重要的具體行動：

讓孩子從被動轉為主動

一般來說，大人因為對時間的焦慮，容易站在「催促者」的角度，不停催促孩子趕快進教室，快要來不及了。孩子在父母的催促下，呈現被動的姿態，而被動的姿態容易造成孩子心裡素質的壓力，膽怯的孩子將更膽怯。

為了讓孩子擔起責任，將權力下放給孩子，信任孩子，由孩子自己判斷是否準備好了，如此會比父母不停的催促，讓孩子產生出更多的覺知力，也更為負責。

給予寬廣的時間等待

孩子對抗焦慮情緒，從虛幻的擔憂裡走出，在現實中生出面對的勇氣，都需要大量的時間。因此父母內在的平靜，讓孩子免除時間的壓力，是孩子能否更專注面對焦慮的關鍵。我對川川的等待是接納且包容的，不期待她一定很快就要進教室，孩子內在就更能穩定的面對自己的困境。

孩子終究會長大，我們用什麼樣的方法陪伴他們長大，孩子的內在就會有不一樣的發展。以強迫手段帶領孩子，恐懼就會愈來愈巨大。用威脅的方式，孩子只會感覺自己愈來愈渺小。用無頭蒼蠅式的鼓勵，孩子只會愈來愈徬徨。

唯有善用孩子本身的資源，使他自己站起來，才能平穩踏實的站立，也將更善用自己的資源，逐漸趨向真正的獨立。

焦慮並不可怕，可怕的是父母沒有足夠耐心，也沒有足夠時間陪伴孩子，那才是焦慮帶給孩子最可怕的災難。

2 恐懼 面對恐懼，與禮物相遇

以「寬廣的接納」與「無期限的等待」做為教養的底蘊，引導、陪伴孩子承擔行為後的責任。

孩子把一件事搞砸了，面對即將而來的責罰所產生的恐懼，會帶領孩子生出躲藏、逃避的能力，這些能力會讓孩子得到生存的機會。

恐懼，在最開始的作用，絕對是正向的。然而時間一長，孩子若沒有生出勇氣去面對，而父母也未適時引導孩子如何面對，那麼恐懼將成為孩子心中的魑魅魍魎，帶來恐怖的災難。

孩子之所以無法面對恐懼，是因為過去的經驗告訴他，恐懼後面有著非常可怕的怪物，不能不戒慎恐懼。

其實不只是孩子，大人也是如此。大人有豐富的生活歷練，趨吉避凶已經是成年人體內的生存系統裝置。過去的教育教會我們存活的方法，為了安全長大，我們內建了整套保護自己的防護系統，遇到令人恐懼、害怕的事物時，我們早早學會了逃跑，遠離危險。

當我們示範出這樣的行為模式，孩子也就學習了這樣的慣性，久而久之，不管遇到什麼事，孩子也養成下意識逃避，逃開一切讓他們覺得煩躁、疲累、不耐、害怕、恐懼的任何事。

該如何帶領孩子面對恐懼，或是即將而來的責罰？大人的穩定與接納，依然是唯一的關鍵。

事件發生時

川川小一下學期的期末，我與朋友帶著幾個孩子出遊。中午吃飯時，川川洗完手後，因為太開心了，竟然在餐廳裡以跑步之姿朝我奔來，隔壁桌的一條手機充電線，一支正在充電的昂貴手機，就這樣硬生生被糊塗的川川大力扯落，砸向地板。

手機的主人當時不在位置上，店員上前察看，說：「螢幕破掉了耶。」

川川聽完，害怕的依偎在我身上，將頭深深埋在我臂膀裡，不敢抬頭。

大人很容易在此處陷入自己的觀點（等等要賠償，還不知道要賠多少錢；你怎麼這麼不小心，怎麼教都不聽！），這些觀點會讓我們產生情緒，若未覺察，情緒很快會喧賓奪主成為主宰者，帶著我們走上以情緒應對的模式，來回應孩子犯下的錯誤，動手或責罵即由此而來。

我沒有責怪川川，也沒有斥責，因為責備於事無補。對破損的手機沒有幫助，對川川恐懼的心裡，也沒有幫助。

我輕拍著她，告訴她：「等叔叔回座位，記得去和叔叔道歉，說明剛剛事情是怎麼發生的。」（界規）

川川沒說話，害怕得將頭愈埋愈深。

我說：「媽媽知道你很害怕，記住這害怕，下次記得走慢一點，看仔細周遭的環境變化，保護他人，更保護自己安全，能學會這件事，就是收穫了。」（界規）

說完，我如常的點餐，等候餐點。

當時和川川一起奔跑的，還有同桌的玩伴，阿凱。

阿凱是個帥氣男孩，比川川稍長一年，是個小二生。

當時他們兩個一起狂奔回來，走的是同一條路徑。不過阿凱很幸運，沒有勾到手機充電線，跑在後頭的川川則完全命中手機線。

不過手機落地之後，不只川川害怕，阿凱也跟著擔憂害怕，不自覺的安靜起來，彷彿要藉由安靜，來分擔川川的恐懼，陪川川一起面對。

以欣賞取代說教

鄰桌的叔叔遲遲未歸，川川的恐懼在時間的堆疊下，一直增長。餐點陸續上桌，她也提不起勁吃飯。

最後，叔叔回到座位了，我這才知道原來他是老闆，剛剛去廚房幫忙，因此遲遲沒有回來。

看見叔叔回來，我拍拍川川：「去吧，去跟叔叔道歉。」（界規）

川川小聲的說：「我會害怕，我希望你陪我。」（聽情）

我：「好，但你要自己道歉喔。」（界規）

川川把頭壓得很低很低，從喉嚨裡發出「嗯」的聲音，表示知道。

我牽著她起身去鄰桌。

身後的阿凱，以我們聽不到的聲音，對他母親說：「好可怕，我不敢看。」面對恐懼，旁人看了都感到害怕，更何況是當事者。

然而川川卻勇敢面對，沒有逃避，也沒有找各式各樣的藉口。她理所當然去面對恐懼後面可能帶來責罰，或者，帶來意外的禮物。

川川的勇敢，其實是來自平日生活的訓練。

我對孩子有著「寬廣的接納」與「無期限的等待」，以此做為教養的底蘊。無論孩子做了什麼，我都寬廣的接納。在接納之後，則是面對責任的承擔。

說的簡白些，「我接納孩子會出現的各種行為，接納之後，便教導孩子承擔行為後的責任」。這一來一往的差異是，孩子有了家庭的支持與依靠，內在是有力量的，於是更能面對困境。這樣的陪伴會形成孩子強而有力的慣性。孩子會大膽冒險，也會細心思量後果，更明白自己所需負擔的責任為何。

我帶川川去面對叔叔，我向叔叔開了口，為川川開啟一扇窗：「不好意思，孩子有些話想跟您說。」

叔叔非常友善的彎腰問川川：「怎麼了？」

川川很自責的對叔叔說：「你的手機，我弄壞了，對不起。」（承擔）

叔叔很友善的回應：「沒關係，小事，不用擔心，沒事的。」離開前，我對叔叔再三表達歉意，賠償的部分可以怎麼做，請他務必告訴我們。叔叔表示不用擔心，我才帶著川川回座。

回到餐桌時，我安撫川川沒事了。

川川卻很苦惱的反省：「為什麼我老是不小心！」

許多父母在面對這句話時，說教魂會上身，會將自己的應對切換為「超理智」的說教模式，彷彿要將道理牢牢印在孩子腦裡。

然而面對川川這句話，我則將它視為珍寶。

我將這句話提升為資源，從資源當中讓孩子記得這份省思，這遠比說教更能讓孩子成長。

我對川川說：「川川，這是個禮物，而你得到它了。」（心價值）

川川：「什麼意思？」

我：「你懂得省思，你說出這句話，表示你深刻的去思考了，對嗎？」（欣賞）

川川點點頭。

我：「那你想到原因了嗎？」

川川：「我跑太快，都沒有看路，我下次會走慢一點。」（覺察，反省）

我：「是啊。你自己想出來的方法，下次會努力試試看嗎？」（核目標）

川川：「我不知道我會不會做到，但我會試試看。」（聽事）

我：「你願意試試看，就表示你願意努力，這是很棒的禮物呀！雖然剛剛很害怕，但你勇敢去面對了，而且還認真思索。你得到思索過後的禮物，這是你很厲害的地方。」（心價值）

川川：「但我剛剛要嚇死了，我好怕叔叔會罵我，會要我賠錢。」（聽情：恐懼）

我：「萬一真的是這樣，我也會陪著你。」（陪伴）

川川：「媽，我愛你。」（渴望：愛）

我與川川的對話，停留在愛的連結裡，沒有說教，沒有指責，沒有絲毫不愉快，川川還因此有了深刻的學習。這場考驗，對我和川川而言，都是珍貴的經驗與禮物，只有面對了，才能得到它。

3 憤怒　讀懂孩子的情緒

仔細分辨憤怒背後的緣由，讀懂隱藏冰山裡的重要訊息，
細膩的感受將帶來正向資源。

如果恐懼帶來的資源是遠離危險，那麼憤怒帶來的資源，便是力量與勇氣，以自己的力量保衛自己。

每一種情緒都有層次，憤怒也有。憤怒的表現是生氣、怒火，但底下隱藏著不為人知的感受，可能是自責、委屈。

感受是很細微的，需要細細去分辨與理解，才能真正靠近孩子。

三三六歲時，我們家發生了一件小事。

事情看起來真的很小，對我而言卻無比的有意義。

壅塞心中的奇特情緒

那天，三三想當個好姊姊，對妹妹川川呵護備至。無論妹妹要什麼，姊姊都傾全力幫忙。睡前，妹妹說：「我的嘴唇好痛，我可以擦護唇膏嗎？」

妹妹的護唇膏早就不知跑哪去了，倒是姊姊的一直都放在床頭上。

三三說：「沒問題，你快刷牙，我等等幫你抹。」

只是等妹妹刷完牙，三三卻找不到她的護唇膏了，可能被頑皮的弟弟拿去玩了。在焦慮中，三三不停要我幫忙，我只好停下手邊所有忙碌的事務，幫她一起找。最後，三三的護唇膏沒找到，卻意外找到妹妹的護唇膏了。

三三欣喜的拿著妹妹的球型護唇膏，一手用棉花棒沾護唇膏，一邊趕忙要幫妹妹抹。但要一個六歲孩子只用一手拿蓋子和護唇膏，實在太為難了，一不小心，整顆球型護唇膏就掉到地上，唇膏就這樣和自己的身體分開了。

妹妹看了瞬間難過的情緒就湧上來，頭也不回的跑了。

三三很焦急，極盡所能的想把護唇膏裝回去，然後尖叫著吼著追著跑走的妹妹，因為妹妹正崩潰的哭著跑向我。

最後，姊妹倆，一個崩潰，一個尖叫，出現在我面前。

我問：「怎麼了？」（核對）

三三尖叫質問川川：「你到底要不要抹護唇膏，拜託你先把這棉花棒上的護唇膏抹了行不行啊！」（聽事）

三三聲音高亢，而且情緒非常激動。

川川崩潰的哭著說：「媽媽，我的護唇膏壞掉了，我好難過啊！」（聽事）

此時三三仍不斷尖叫催促妹妹快點抹護唇膏。（我猜她是想趕緊完成這件事，好讓她結束這個工作。但是否如此，要與孩子核對才能得知。）

看著妹妹崩潰的樣子，一時之間應該很難從護唇膏壞掉的情緒中恢復，於是我跟三三說：「讓妹妹哭一會兒吧，她現在難過護唇膏壞了，暫時沒辦法用好心情抹護唇膏，她需要發洩一下。護唇膏給我，我修理看看。」（陪「跑」界諧星）

我接過三三手中歪七扭八的護唇膏和棉花棒，這次卻換三三爆炸了。她在家裡來回尖叫崩潰，憤怒的情緒把整個家都塞滿了。

我感覺那憤怒的情緒裡，有著奇特的訊息。

我沒阻止三三發脾氣，而是讓她盡情發洩一會兒（陪「跑」界諧星），我兀自專心低頭修理護唇膏。

修理好後，川川情緒恢復了，甜甜的跟我說謝謝。我則把棉花棒上的護唇膏給她擦上，並且告訴她，這是姊姊的用心，要好好跟姊姊說謝謝。

擦完後，三三還在尖叫憤怒的狂吼著。

三三的樣子很特別，她不像是想對家裡任何人生氣，但就是有情緒被卡住，沒法脫困。我把修理好的護唇膏拿給她，她卻對我狂吼得更厲害，咆哮中帶著無比的恨意。

隱藏冰山裡的重要訊息

我拍拍她，柔聲的問：「妹妹的護唇膏我修理好了，妹妹也不哭了，還用你幫她準備的棉花棒沾護唇膏擦嘴唇，我們都很感謝你的用心。我和妹妹沒有人責怪你，但是你的憤怒和生氣，是怎麼了呢？」（核對）

三三握緊拳頭，狂吼著對我說：「我是生我自己的氣！我好氣啊！」（聽情）

如果沒學過薩提爾模式，我可能就在這裡責罵了，「沒人責怪你，你卻不知收斂，還好意思發脾氣。」但習得薩提爾模式，理解一個人的冰山後，聽到這句話時，我感到震懾。

在三三憤怒的表達下，還隱藏著一份感受，那是自責。

我們理解孩子真正的情緒嗎？

因為經過薩提爾模式的訓練，面對三三憤怒的情緒，我隱約看見爆怒行為下，冰山裡可能隱藏的重要訊息：

1. 三三「期待」自己做一個好姊姊。
2. 三三不小心把護唇膏掉在地上，不但沒有變成自己想像中的「好姊姊」，反而成為弄壞妹妹護唇膏的「壞人」。
3. 「好姊姊」會被家人稱讚，「壞姊姊」會被家人指責，她一下子從好姊姊的想像中，變成壞姊姊，這和原來的期望落差太大，因此產生無可原諒的憤怒（憤怒來自：對他人，也對自己，但因為沒人責備她，憤怒的能量無處宣洩，因此她轉而用更強烈的方式責備自己）。
4. 三三的「自我價值」因為自責而受到嚴重打擊，怕所有人因此誤解她或不愛她，只得用狂吼來抵抗全世界，也抵抗她自己。

三三的憤怒與嘶吼，充斥著家裡每一角落，始終停不下來。

三三除了對自己生氣，也隱藏著求救的訊號，因為她無法停止責備自己，亟需仰賴大人給予協助。如果大人不理會（或不知如何介入引導），三三的情緒可能有兩種極端表現，一為愈演愈烈，藉此召喚父母的注意及關心。二為放棄向父母求救，內在會湧現出「孤單、悲涼」等被拋棄的情緒。

不管衍生出哪種情緒，若看不懂孩子的情緒，可能會以慣性姿態責罵孩子，長此以往，親子關係日漸疏離也是可以預期的。看懂孩子的情緒，就能貼近孩子，帶孩子走出情緒的困境。

我：「你很生氣，你生自己的氣，能告訴媽媽，你氣自己什麼呢？」（核對）

三三「啊！！！！！我不知道，我就是好生氣、好生氣、好生氣！」（聽情）

我蹲下身，拍著她的肩膀，對她說：「寶貝呀，媽媽要你知道，這裡的所有人，包括爸爸，妹妹，和我，都沒有人有責怪你，你怎麼責怪你自己呢？」（核對）

三三不加思索，用盡全身力氣說：「我想做個好姊姊，想幫妹妹抹護唇膏，但我卻把妹妹最寶貴的護唇膏弄壞，我不是好姊姊。媽媽，我真的好生氣！」（聽事、聽情）

細膩感受帶來的正向資源

我心疼一個六歲的孩子，有著這樣敏感的內在，那是非常辛苦的。相對的，能擁有這樣細膩的感受，三三也會擁有相對應的寶藏，一如她的自我要求從小就比同齡的孩子高。這個資源帶領著她在學校表現出眾、穩定、學習力專注，深受老師委託重任，這些都是「細膩感受」所帶來的正向資源。

為了讓三三從情緒風暴中走出來，擦亮三三珍貴的資源是必要的，只要善用「核對、傾聽、欣賞」的對話精神。

我：「你覺得你不是好姊姊，是因為把妹妹的護唇膏弄壞？」（核對）

三三：「對，我好生氣，那是妹妹最珍貴的護唇膏。」（聽事、聽情）

我：「你是故意弄壞的嗎？」（核對）

三三：「當然不是，我因為一手要拿棉花棒，所以另一手只好拿著護唇膏和蓋子。但是護唇膏和蓋子太大又太滑，所以護唇膏就不小心掉下去了，我不是故意的。」（聽事）

我：「我也覺得你不是故意的，因為妹妹來找我的時候，她只說護唇膏壞了，並沒有說是你弄壞的。如果是你用壞的，我想，她應該會說……你認為她會怎麼說呢？」（核對）

三三：「如果是我故意弄壞的，她肯定會說是三三弄壞的，她是故意的。」

我：「對呀！這很像是妹妹會說的話。但是她剛剛沒這樣說，所以我能肯定你不是故意弄壞的，對吧？」（核對）

三三：「我雖然不是故意的，但確實是我弄壞的。所以我還是很生氣！」（聽情）

我：「你還是對自己很生氣嗎？即使不是故意的？」（核對）

三三：「對！」

我：「三三，你真是個非常負責的人，即使不是故意的，你仍然不能原諒自己這麼不小心，是吧？」（心價值＋核對）

三三：「對！因為我讓妹妹難過。」（聽事）

我：「妹妹難過，讓你很生氣？還是你其實也很難過？」（核對）

三三：「我其實也很難過，因為我不希望護唇膏壞掉，我覺得妹妹不會原諒我的。」（聽事、聽情）

我：「你很難過呀。你真該直接告訴妹妹你的難過，而不是用生氣的方式。生氣只會讓關心你的人害怕或受傷，我想那不是你想要的結果。」（陪跑界「諧」星）

三三：「嗯。」

我：「你剛剛說你覺得妹妹不會原諒你，但是我並不這樣覺得。我剛剛把護唇膏修好之後，妹妹就不哭了。我們來問問妹妹，看她是怎麼看待這件事情的，好嗎？」（核目標）

三三點頭。

我轉頭核對川川：「川川，護唇膏壞掉了，你當時很生氣。現在護唇膏修好了，你還生姊姊的氣嗎？」（核對）

川川：「沒有生氣，姊姊是因為要幫我擦護唇膏，不小心掉的，我沒有生氣，姊姊不哭喔！」（欣賞）

我：「那你能原諒姊姊把你的護唇膏弄壞了嗎？」（核目標）

川川：「護唇膏修好了，我原諒姊姊了，我愛姊姊！」（連結渴望）

三三聽到川川的話，嚎啕的哭了，哭泣裡有著被理解與被支持的能量。

我：「川川，剛剛姊姊一直很照顧你，你會因為姊姊弄壞你的護唇膏，而不想跟姊姊玩嗎？」（核對）

川川：「不會呀！剛剛姊姊幫我拿畫紙，又借我畫筆，還拿護唇膏給我擦，我覺得姊姊最棒了！」（聽事、聽情）

我：「是呀！我也這樣想。我覺得三三很棒。雖然護唇膏掉了，但三三不是故意的，而且，在幫妹妹擦護唇膏之前，我也看見三三對妹妹很體貼，幫妹妹很多忙，為妹妹做了很多事，不只妹妹感覺你對她非常好，連我都感覺得到。三三，聽到妹妹稱讚你了嗎？你今天的表現真的是太棒了，是個非常好的姊姊！」（心價值）

三三甜甜的笑了。

我：「今天發生什麼事，讓你變成願意照顧妹妹的好姊姊呢？」（核對）

三三：「因為我長久以來都對妹妹不好，我想要變好，想讓妹妹愛我，想讓大家都喜歡我。」（聽事）

我：「哇！你真是個努力的姊姊呀！但是不管你有沒有對妹妹好，媽媽對你的愛都不會變，一樣非常愛你。你今天做的努力，媽媽看見了，媽媽很高興，我想妹妹也感覺到了，你真的很棒！」（欣賞）

三三：「可是我還是弄壞了妹妹的護唇膏，雖然媽媽修好了，但是變醜了，回不到原來美麗的樣子了。」（聽事）

我：「這是美中不足的地方，還好妹妹不介意。你能允許自己失敗嗎？允許自己是個不小心的人。」（核對）

三三：「我努力看看。」

我：「如果是媽媽弄壞你的東西，你會原諒媽媽嗎？」（核目標）

三三：「……我可能會生氣很久，也會難過很久，但是我一定會原諒媽媽的，因為我知道媽媽不是故意的。」

我：「三三對我真好！謝謝你。既然三三都能原諒媽媽有做不好的時候，那現在換你自己了。你不是故意弄壞護唇膏的，大家也沒有生你的氣，而你也氣過自己了，

所以能不能試著原諒自己呢？」（核目標）

三三沒有說話，但我知道，我們簡短的對話，已經讓我走進她的內在，和她站在相同的位置，讓她感覺得到陪伴。

我：「面對這次不小心，你有什麼學習嗎？下次有改善的方法嗎？」（核目標）

三三：「下次不要用跑的，一定要慢慢走，也不要一次拿這麼多東西，先把蓋子放桌上，專心拿護唇膏就好。」（覺察）

我點頭欣賞她的反思與體會。

我沒有追問三三是否會原諒自己，但看她和妹妹很快的又玩在一塊兒，而且對待妹妹更溫柔體貼，我知道透過對話，她有了不一樣的覺察，不再受困於「對自己憤怒」的自責情緒中。

我們懂孩子的情緒嗎？

如果不懂，親子戰爭將立刻湧現，對父母，對孩子來說，都是能量的耗損，心靈的疲憊。

我們懂孩子的情緒嗎？

如果我們能懂，孩子在成長的過程，便不會感覺孤單。他們會因為內在有愛而安定，因為有父母的理解而強壯，因為有家而感到擁有冒險的勇氣。

讀懂孩子情緒裡的轉折，透過核對，一一釐清情緒下隱藏的訊息，如此才能避免孩子獨自在孤單裡長大。

4 前憂鬱 壓垮駱駝的稻草

用蹲伏的姿態，聆聽孩子，諦聽生命，
用真誠，與孩子的生命交會。

三三升小一之前，行為極為陰鬱不穩定，每日至少莫名哭泣四次以上，每次更長達四十分鐘。

她的物品任何人都不能碰觸或移動，一經人碰觸或移動，即引發情緒震盪，立刻陷入情緒困境無法自拔。

這些行徑醫師判讀為三三有憂鬱症和強迫症的傾向。

在三三陷入憂鬱的情緒前，我一點察覺都沒有，更別說發現任何徵兆。

三三幼兒園畢業前夕，總是心情低落的向我訴說老師不喜歡她。

她說：「老師最喜歡的同學有三個，但是我不在其中。」
她說：「三個女同學都可以不睡午覺，我也想要加入她們，但老師說不行。」
她說：「老師今天用毛線編織了三個手花送給三個女同學，我跟老師說我也想要，但老師說都送完了，沒有了。」
她說：「媽媽，我希望升上小學之後，也有個老師很疼我，會喜歡我。」
她說：「媽媽，老師說上了小學事情會變多，所以要我們學習轉達事情的能力給你們。但有些事情好難記，我背不起來，我好怕上小學事情更多，記不起來怎麼辦？」

最後一根稻草

那段日子，三三的情緒起伏甚大，彷彿墜入如霧的深淵，一不小心就哭泣，敏感焦慮，自信心與自我價值低落。
最後壓垮三三，引發她排山倒海憂鬱的事件，在我看來只是一件微不足道的小事，但三三卻困在裡頭了。
畢業前的某個週五，我如常開車去接三三放學。
三三一上車，鐵青著臉，呼吸急促，用不同於以往的說話方式，結結巴巴的對我說：「媽……媽，下週……四要去校外參觀，要穿運動服，隔天……隔天週五，本來要穿運動服，但要改成穿圍兜兜……圍兜兜裡面要、要、要、要穿『便服』！」

我察覺三三不對勁，問她：「還好嗎？」

沒想到三三一聽，立刻放聲大哭，哭得好傷心，令人錯愕。

我：「在學校發生了什麼事嗎？」

三三斷斷續續的答非所問，還夾雜著哭聲：「什麼是便服？便服到底是什麼？」

我恍然明白，三三不是在學校被欺負，而是被「便服」這兩字給卡住了。

三三焦急的說：「我問同學便服是什麼，他們說就是隨便的衣服，但老師怎麼可能要我們穿隨便的衣服？我不知道什麼是便服，媽媽！到底什麼是便服？」

我花了好長一段時間，才從三三崩潰的哭聲中，聽明白她的困境。

原來，老師為了讓幼兒園的孩子順利銜接小學，愈接近畢業，就愈要求孩子記憶老師交代的事，回家後用自己的話語轉達給父母，藉此訓練表達能力與責任感。

往常，三三靠意志力撐過所有老師交代的事，但我卻沒察覺三三內在其實是藏著非常多的不安，害怕自己漏記了什麼，害怕自己和別人不一樣，害怕媽媽聽完沒有幫她記憶，所以即便她如實把訊息告訴我了，她仍不放心，總要一再提醒我，一再要求我背誦事件給她聽。

而這天，「便服」這兩字，成為壓倒三三的最後一根稻草。

便服不在三三的理解範圍裡，為了背誦這兩個字，三三想破頭，從一早就費盡心思，強迫自己記憶，直至放學，才將勉強記住的「便服」轉述給我。任務完成的同時，壓抑的情緒也瞬間找到宣洩的出口，於是嚎啕大哭。

「便服」事件的這天起，憂鬱、悲傷，像變魔法似的，如影隨形的跟著三三，像從地心往上冒的岩漿，藉由一個又一個生活細微瑣事，不斷爆開炙熱的氣泡。

「便服」引爆她內在所有陰暗的情緒。即便我安撫了「便服」對三三的影響，但晦暗的情緒一直都在。

幾日後，憂鬱的情緒再次假借三三對「蛀牙」的恐懼，瞬間擴展。當時我學習薩提爾模式三年，我一直以為自己已經陪伴三三經歷各種情緒，然而我的觀察仍不夠敏銳，傾聽做得仍不夠細緻，忽略學校帶給她的困境與壓力，沒有深刻與她核對內在的想法與感受，導致情緒不停的堆疊。

「便服」讓三三累積多時的情緒有個出口，形成顯露冰山上層的「行為」，一個讓我能看見的事件。而我要面對的不是便服事件，而是長久以來壓抑於內在的情緒。

回想起來，當時沒有發現三三的困境，讓我有些遺憾。但我感謝三三，一次又一次的用自己的生命，讓我更懂得傾聽，讓我學會面對孩子的情緒，懂得用更寬廣、更接納、更蹲伏的姿態，一次次的聆聽孩子，諦聽生命，用真誠與孩子的生命交會。

5 憂鬱 尋找接納的姿態

憂鬱的解藥，是接納、陪伴與愛。
為孩子打造一座溫暖穩固的堡壘，提供安全與愛的環境。

憂鬱，是所有情緒中，最耗損生命力的意志，藉關閉所有生命動能，來抗拒外界一切的善與惡，損害或關心。

因此，當憂鬱來襲，會讓身邊的家人膽顫，也容易因過度擔心，而一起捲入憂鬱的情緒之中。

憂鬱降臨之前，其實已歷經了許許多多事件與時間的堆疊，才會在某一天瞬間暴發開來。

三三幼兒園畢業前夕憂鬱來襲，但在那之前，憂鬱其實已醞釀許久。

當憂鬱湧來

三三兩歲之前，我尚未浸潤於薩提爾模式，我以傳統高壓的方式養育三三，徹底實施「孩子哭泣時，不擁抱孩子」的做法，讓三三習慣壓抑自己真實的心緒，致使她總是活在一個人的孤寂裡。

當憂鬱悄然來襲時，找上了牙齒做為緣由，藉由牙齒來暴發累積已久的情緒。

三三情緒起起伏伏，畢業前兩週，情況更糟糕了。三三莫名擔憂起牙齒的健康，並且以每五分鐘為一個循環，不斷問我：「我有蛀牙嗎？牙齒有卡東西嗎？有乾淨嗎？真的沒問題嗎？」

詢問老師三三在學校的狀況，得知那一陣子三三的同學有好幾人因為蛀牙，而開始做牙套或根管治療，三三可能因此有了憂患意識。

一天，我和好友相約，帶孩子一起去親子餐廳。原以為出遊會讓孩子開心，但三三卻因擔憂蛀牙而憂鬱得無法自拔。

吃飯時，她頻頻跑來問我：「媽，我這邊最裡面那顆牙，有條黑線，怎麼辦？你能幫我看看嗎？」

仔細檢查後，我什麼都沒看到。安撫三三幾句，希望她先愉快的玩耍，牙齒留待之後我們再想辦法處理。

然而三三卻愁眉不展，根本沒心思玩耍，一直依偎在我身邊，哭喪著臉，問我：「就在裡面，你怎麼會沒看到？那個黑黑的不是蛀牙嗎？沒關係嗎？」

我向她保證裡面沒有黑線，也沒有蛀牙，牙齒很乾淨。

為了讓三三安心，我帶著她，坐在親子遊戲區的落地鏡前，反覆看照她的牙齒。

我：「牙齒上沒有黑點，很乾淨的。」

三三：「怎麼會沒有，明明就有，你再仔細看一下。」

我：「真的沒有啊！」

三三：「可是我有看到啊！」

我和三三就這樣反覆核對，仔細檢查牙齒。我看不見蛀牙的黑線，她卻堅持自己已經蛀牙，憂慮的三三僵持了三個多小時，陷入了極度的恐懼之中。

憂鬱，讓三三對牙齒的要求無限上綱，整個下午，她就這樣依偎在我身邊，焦慮的問：「怎麼辦？我覺得真的蛀牙了。」

為了讓她安心，我以手機拍下令她焦慮的牙齒，放大照片後，請她自己審視，確認牙齒上並沒有任何黑線。

我與她一同面對困境，三個小時的陪伴，她的焦慮稍微緩和了。然而回家後，她又陷入焦慮之中，我繼續陪伴著三三。

我數度邀請她拿起手電筒，在鏡子前仔細審視牙齒。那是潔白的，並無黑點。也建議她尋來爸爸幫她確認。爸爸再三確認，真的沒有蛀牙。

然而三三堅持她看見的才是事實，她一個人面對只有自己才看得見的黑點，奮力想讓我們相信她說的都是真的。

她的模樣分外孤單。

三三的憂鬱，為她帶來了只有她才看得見的細節。為了打破這份執著，我邀請三三即刻進行徹底的潔牙，請她盡所能，為牙齒清潔做最大的努力。

然而，我卻忽略了，當憂鬱來襲，再多的科學方法，都解決不了腦內的憂愁。

三三刷完牙，站在鏡子前面，反覆用手電筒照了許久，她說：「我找不到那條黑線了。」

聽到三三的話，我稍稍鬆了口氣。沒想到三三接著說：「但是現在嘴巴裡到處都是黑黑的，怎麼辦。」

我：「你說什麼？」

三三驚恐的說：「本來的黑線不見了，但是其他地方多出好多黑黑的點，那是蛀牙嗎？為什麼有這麼多蛀牙？媽媽，我該怎麼辦才好！」

說完，三三崩潰的淚水，嘩啦的流著。

做孩子安穩的後盾

三三彷彿陷入自己創建出來的虛擬實境，我無法窺探其中景象。我輕拍著她，告訴她：「看到這麼多黑點，肯定會害怕的，想哭我們就哭一會兒，我會陪著你，等你好好的哭過了，我們再來想辦法。」

三三聽見我的允許，放聲大哭，那是一種崩潰且放心的哭聲。

此為寬廣的接納三三的情緒。不管三三驚恐的事物是否真實存在，永遠先接納孩子，給孩子安穩的後盾，讓她知道她並不是只有一個人，孩子才能在安全的環境下培養出向上的力量。

三三崩潰哭著問我：「怎麼辦？媽媽怎麼辦？我好害怕！」

我：「三三，你很害怕，我聽見了。但你不是一個人，媽媽一直陪在你身邊，你能感覺到媽媽一直陪著你嗎？」（**核對**）

三三點頭，但表示還是很害怕。

我：「寶貝，我們沒放棄保護牙齒，不是嗎？你放棄了嗎？」（核目標）

三三搖頭，表示她還沒放棄。

我：「是啊，我們都沒有放棄牙齒，現在不會，以後也不會，是不是？你的眼淚代表什麼呢？能告訴我嗎？」（核對）

三三：「是害怕。」（聽情）

我：「你害怕什麼，能告訴我嗎？」（核對感受）

三三：「我害怕蛀牙！」（聽事、聽情）

我：「害怕蛀牙，是因為怕痛？還是怕看醫生？還是怕黑黑的不好看呢？」（核對認知）

三三：「怕蛀牙去看牙醫會痛！我好怕痛！」（聽事、聽情）

我：「三三怕痛呀！你蛀牙過嗎？有痛過嗎？」（核對資源）

三三：「沒有，但是我光用想像的就好怕。」（聽情）

我：「三三除了怕蛀牙的痛，還有其他痛的經驗嗎？」（核對過往相同經驗）

三三：「打針，我以前很害怕，但現在不怕了。因為我知道只要放輕鬆，打針就比較不痛，如果緊緊的，針打不進去，就會比較痛。」（資源）

我：「其實我也好怕痛，我也怕打針。三三，你很勇敢，我記得以前你最怕打針了，現在卻勇敢的面對，而且你還知道只要放鬆就比較不會痛。那面對蛀牙呢？我是說，萬一真的蛀牙了，真的得去治療，你願意勇敢接受治療，並且試著放輕鬆嗎？」**（核目標）**

三三：「我不知道，媽媽。怎麼辦，那些黑黑的到底是什麼？是蛀牙嗎？」

（三三無限循環的落入自己的焦慮中）

我：「三三，你是個非常敏感的孩子，你能感受到我和爸爸感受不到的事物，就像你的眼睛能看到爸爸和媽媽看不到的黑影。三三，媽媽和爸爸，都看不到那個黑影。看到你這麼傷心，媽媽很心疼你，但為什麼媽媽和爸爸都看不到呢？它真的存在嗎？還是只是個影子？」**（核對）**

三三：「我不知道，我覺得它跑來跑去，好像真的是影子，可能不存在吧，我也不太能確定。」**（傾聽）**

我：「媽媽找個時間，我們一起去看醫生，你覺得好嗎？」**（核目標）**

三三搖頭：「我不要，我會害怕。」

我：「那你覺得媽媽應該怎麼做，才會讓你舒服一點？」**（核目標）**

三三：「媽媽你抱我。」**（渴望）**

我敞開雙臂，讓三三坐在我腿上。一旁的川川彷彿知道此刻姊姊比較需要媽媽，沒來攪和，只是在床上翻滾玩鬧。

三三：「媽，你真的覺得那是影子嗎？真的沒有蛀牙嗎？」

我：「三三，你相信媽媽說的話嗎？」

三三：「相信！」

我：「我認真看過，那個黑點看起來就是個影子，你相信我說的嗎？」（核對）

三三：「相信，但……我怕萬一如果是蛀牙怎麼辦？」

我：「如果是蛀牙，媽媽陪你一起去處理，你覺得這樣好嗎？」（核目標）

三三：「可是我會怕。」

我：「我知道你怕，但媽媽其實擔憂另一件事。」

三三：「什麼？」

我：「我擔憂的是，萬一黑點根本不是蛀牙，怎麼辦？」

三三：「什麼意思？」

我：「萬一不是蛀牙，我們卻為了這件事悲傷、擔心這麼久，想來就覺得很傻呢。要不要等到確定是蛀牙，再來想想該怎麼辦？」（面對焦慮）

三三：「可是我就是怕。」

我：「三三，你有努力刷牙嗎？有很努力保護牙齒嗎？」（核對）

三三：「當然有。」

我：「是呀，我所認識的人裡，你是我見過最努力刷牙的人了。那麼，你已經這麼努力了，你願意相信你的牙齒嗎？」（核對）

三三：「什麼意思？」

我：「我的意思是，你的牙齒也跟著你不斷努力，你有沒有看見它的努力，努力為你咀嚼東西，努力被你洗刷著，努力保持健康！」（核對＋欣賞）

三三點點頭：「我覺得它有在努力。」

我：「那你願意相信它嗎？」（核對觀點＋將虛幻想像落於現實）

三三：「相信它什麼？」

我：「相信它是健康的，相信它沒有蛀牙。」

三三：「我想相信它，可是我還是怕萬一蛀牙了怎麼辦？」

我：「三三，如果每天，我總是質疑你讀書不認真，彈鋼琴不認真，上學不認真，即使你告訴我你很認真，我還是懷疑你，你心裡會開心還是難過？」（核對行為、核對感受）

三三：「會難過，非常難過。」

我：「難過很久之後，你還願意努力認真讀書嗎？還是會覺得乾脆就不要認真了？」（核對）

三三：「我不想認真了，反正也沒人相信我。」

我：「是啊！你也會不想認真，因為每天都被媽媽懷疑不認真，會很難過吧。那你的牙齒呢？它這麼的認真，身上也刷洗得很乾淨，卻得面對你每天懷疑它蛀牙，它該怎麼辦？它會想繼續認真努力嗎？」（核對）

三三：「它不會繼續努力了。」

我：「心情不好，身體也會很不好吧，牙齒也一樣呀！三三，你心情不好，媽媽會陪著你，但是如果你心情一直這樣不好，媽媽擔心牙齒會放棄努力。」（觀點）

三三：「媽媽，我不知道該怎麼做。」

我：「害怕蛀牙原本是一件很棒的事，因為害怕是努力的朋友。當害怕出現的時候，我們就會想努力去克服，一如你因為害怕蛀牙，所以更努力的刷牙。對嗎？」（心價值）

三三：「對，我會很努力刷牙。」

我：「這是很棒的事呀！只是，我們要和害怕做朋友，不要變成害怕的僕人。如果因為害怕而不停哭泣，只會愈來愈恐懼，那對牙齒健康沒有幫助，這是你想要的結

果嗎？」（核目標）

三三搖頭：「不是，我也不想一直難過。」

我：「既然不是你想要的，你想要改變你面對害怕的方式嗎？」（核目標）

三三：「我想，可是……媽媽……」

三三還想述說她的擔憂與害怕，我打斷她的害怕，告訴她：「想改變就好，三三，現在你只要告訴自己，你願意接納這份害怕，允許自己是可以害怕的，剩下的，我們一起努力。」

三三：「我願意接納害怕，允許自己是可以害怕的，媽媽抱抱。」（安心護法）

三三的眼淚更多了。

三三的情緒奔流，藉由自己說給自己聽的引導詞，三三得到了最大的安頓，以及面對困境的力量。

三三坐在我腿上，我擁抱著三三。她的情緒陰鬱又混亂，我靜靜的抱著她，專心貼近她長達兩個多小時。

入睡之前，三三的憂慮減少了，精神看起來也好了點。我們互道晚安，沉穩的比肩而眠。

憂鬱的解藥

憂鬱來臨，接納這份情緒，是協助孩子面對困境的唯一方式。

三三的情緒風暴度過了嗎？

不，事實上，這只是一個起點。從這天之後，三三的內在正式走進憂鬱的風暴中，如蛋黃般珍貴卻軟懦，毫無抵禦之力，隨時都將因一個撲面而來的瑣碎小事，引發巨大的動盪。

憂鬱，無法透過一次安撫而消失。它會隨著日常生活的觸發每天動盪，瞬間攀高又走低，日復一日。

三三的憂鬱，猶如延長的賽事，看不到終點。即便上了小學，憂鬱仍持續進行。我盡力陪伴三三的憂慮，陪伴之後，迎面而來的不是天光，而是無止境的黑洞。我和所有父母一樣，也會失落。面對失落，我能做的是一次又一次覺察自己的情緒，允許自己是可以失落的（**覺知手，允納心**），欣賞自己沒有放棄，也告訴自己，別太著急，把期待鬆開，不要想著即刻見效，只要專注接納三三，真誠擁抱她，以及她的憂慮，才能真正陪伴孩子。

憂鬱，是三三選擇的生存方式，如果這是三三成長的必經過程，我願意接納這過程，慢慢的陪她走一段。

三三花了半年時光走過憂鬱。過程裡，我始終真誠的陪伴，為三三打造一座溫暖穩固的堡壘，提供安全與愛的環境，讓她感到安定。這是她成長過程中，我能給予的最珍貴的祝福與生命禮讚。

憂鬱的解藥，是接納、陪伴與愛。

第四部

溝通實戰
帶著覺知溝通

SATIR

1 親師溝通心法「養成對戒」

帶著覺知，進行親師溝通，
不要被情緒牽引，做出錯誤的判斷。

在溝通的戰場上，如何溫柔堅定的表達，如何拿捏進退，如何與老師溝通，老師如何與家長溝通，一直是雙邊的困境。

在對外的關係裡，我鮮少將自己的工作及身分外顯。在與人的相處上，因為原生家庭帶給我的養成，造就了我討厭衝突，因此不太與他人發生衝突。浸潤薩提爾模式的學習之後，我更懂得如何圓融且一致的表達自己，因此鮮少有事情能讓我啟動憤怒的情緒。

我不喜歡衝突，然而當衝突無法避免時，我也不畏懼。

二〇二〇年暑假，我帶著全家到中部暫居一個月，孩子們則參與了中部的營隊。其中一個營隊是為期五天的運動營，然而從第二天起，我便介入了孩子與老師之間的衝突，以「聽核心」為溝通的基礎，展開各個面向的親師溝通，甚至不惜選擇強悍與衝突的方式，進行一場我認為適合當下狀況的有意識的溝通。

在衝突裡，我時刻覺察自己對話的語言與所表達的內容及決定，是否是我要的，而不是在情緒牽引之下做出意氣用事的判斷。

帶著覺知，進行親師溝通

理解脈絡，溝通時穩定自己，如何在親子溝通時落實「聽核心」及各項工具，前幾單元都提出了許多示範事件。無論是親子、親密關係，或是親師溝通，都是在同一脈絡之中。

這一單元我想示範的是，如何「帶著覺知」進行親師溝通，即使發生衝突，也是「有意識選擇」下的產物。

我一直深信，人與人之間的關係是良善的循環，也信任人的本質是純善，因此並非想影射或批評營隊，僅想以此例，示範如何有覺知的與老師溝通。在事件發生時，該如何做判斷？溝通之後我該承擔的後果是什麼？該面對的衍生問題是什麼？除了與老師溝通，我還需要多做些什麼？

因此閱讀此單元時，邀請讀者關注對話時覺知的運作，以及溝通時該如何做判斷與決策，學習如何將理論實踐在溝通與爭執中。

溝通是否完整，可以端看我方與彼方溝通的「對戒」是否「養成」，也就是將「養成對戒」（諧音口訣）視為四道溝通心法，藉此來協助我們審視親師溝通的歷程。

「養成對戒」是一口訣，分別是：

養：教養

親師溝通，不應該只是單點溝通，而應該是整體溝通。父母要傾聽孩子完整的訊息，理解孩子的委屈或困境後，再與老師溝通。

此時父母既代表孩子，更代表自己。

溝通後，父母可以反思孩子在行為或思想上，還可以有哪些改進或增加保護自己的意識，應即刻與孩子進行溝通，此溝通我稱之為「教養」，亦即教育孩子在實際衝突過程中，該如何完善自己。

成（承）：承擔

每次決定勢必都有風險，因此在溝通之前，我們需要深思的是，風險是否是我們能承擔的？如果後果無法承擔（如退學），那麼就有必要調整決定。若能承擔後果（如責罵），那麼便能大膽溝通，果決說出想說的言語。此為有意識的溝通，而不是意氣用事的威脅。

對：對話

進入溝通時，對話的精神與依歸，就是「聽核心」，在親師溝通的領域，不管對象是老師或父母，都要以真誠的姿態交會，因此誠懇的傾聽，細緻的核對，用心的欣賞，以豐富的眼光看待事物的全貌，是必要的過程。

戒（介）：介入

當孩子與老師產生衝突，什麼時候該讓問題跑一會兒，什麼時候該介入進行對話，大原則是：孩子的生命或情緒受到嚴重威脅，長久下去將會帶給孩子傷害或陰影。

孩子有上述情況時，父母便可考慮介入。而介入之前，也務必做好風險評估，以及後果是否是父母與孩子都能承擔的。確認之後，父母便可大膽的介入衝突事件。

親師溝通的四道心法，可視需求而調換出場順序。

接下來的文章以事件為區分，一個或多個事件後，將帶出「養成對戒」四道心法的思慮與做法，藉此示範每一次進入溝通時，我會在什麼樣的點上進行思索與動作，並以此心法做為親師溝通是否完善的要點檢核。

四道溝通心法：養成對戒

四道心法	覺知	操作方法
養（教養）	啟動孩子應對的覺知	全面傾聽孩子述説完整訊息，再與老師溝通，接著思量孩子的行為或思維，引導孩子培養面對困境的勇氣
成（承擔）	判斷能否承擔後果	先評估溝通後可能會承擔什麼樣的後果。若家長與孩子都能承擔，則放手溝通；反之，則調整溝通方式
對（對話）	以「聽核心」真誠對話	誠懇的傾聽，細緻的核對，用心的欣賞，以豐富眼光看待事物的全貌，展開真誠對話
戒（介入）	孩子受到威脅時	當孩子情緒或生命受到嚴重威脅，拿捏何時該讓問題跑一會兒、何時是介入親師溝通的時機點，掌握核對的機會

2 事件一　師生衝突

思索與判斷介入師生衝突的時機點，
以穩定的姿態核對雙方，做出溝通的示範、啟動覺察與反省的能力。

二〇二〇年八月的第二週，我帶著五個孩子，分別是大女兒三三、二女兒川川、小兒子一一，以及姪子孝宣、姪女沛羽，參加為期五天的運動營。

選擇運動營的想法很簡單，純粹想讓孩子增強體力，跑跑跳跳，玩耍過暑假，對營隊並沒有預設太多學習的目標。

營隊設置的初衷挺好，分門別類，也分屬性，五個孩子分別參加三種不同的運動營課程。一一年紀最小，參加低幼孩子動靜皆宜的課程，除了運動，還有手作遊戲，一一每日都開心的去，開心的回來。

三三和孝宣協調性已經足夠，年齡也夠大，因此參加的項目是單一球類「羽球」的課程。而川川和沛羽的年齡相仿，則一起參加混合型球類課程。

營隊辦在大學體育館內，環境是用心且安全的。

第一天放學之後，我便聽見幾個孩子不適應營隊的各種抱怨，包括伙食難吃與環境悶熱。

我聆聽著，並判斷孩子耐不了苦，這個營隊剛好可以訓練他們吃苦（**觀點**）。我希望孩子吃點苦，將來可以更適應各種環境，因此並未將抱怨放心上，只將之當作孩子正常的能量抒發。

讓我們稍稍在「觀點」上停留。

每個人對每一件事情的發生，都會產生出自己的觀點，在親子關係及溝通時，我會時時審視我的觀點，並判斷是否要繼續持有這個觀點，可以打破嗎？打破之後界線在哪兒？底線是什麼？當我愈來愈能審視自己的「觀點」，我與孩子的溝通就會愈來愈開放，愈來愈能鬆綁僵化不合時宜的規範。

隔日，去接五個孩子放學時，三三、孝宣與一一先放學了，兩個大孩子嘰嘰喳喳跟我講述許多訊息，我一個也沒聽懂，但有句話卻印在我心上：「川川今天又哭了。」

這時川川也放學了。我在放學的混亂中，對川川招手，川川開心的揮著手中的羽球球拍，對我笑著。我接著分心低頭諦聽一一說話，沒想到再抬頭看向川川時，卻看見令人震驚的一幕。

營隊一位綁著日本武士髮型的年輕老師，不知為何拿著川川的球拍，將球拍的握把對著川川的嘴巴，眼看就要塞進川川嘴巴裡。

我清楚聽見武士頭老師對川川說：「你動手試試看，信不信我把球拍（握把）塞進你嘴裡！」

這畫面和老師的話語，都讓我震驚。

川川嚎啕大哭，我在階梯下方叫喚川川，川川立即跑向我，對著我狂哭，嘴裡嚷著她的委屈（情緒）：「老師弄我、老師弄我。」

戒：介入

從事件發生到決定介入，大概只有零．一秒的思索與判斷，在事情發生當下，我腦內有許多想法跑過：

我不能這樣離開，一離開，孩子依然帶著悲傷，我也失去與老師對話的時機。

武士頭老師非常年輕，看起來像是體育系的大學生。於我而言他也是個孩子，不理解如何與孩子相處，並不是他願意的，他只是沒有學習。

在這個事件裡，我只看見老師粗魯的對待孩子，但我並不理解事情的經過，我可能是誤解老師，我需要帶著川川上前與老師核對。

諸多考量下，我覺察自己雖然震驚，但平時的訓練讓我很快能平穩的看待事物，願意相信老師是善意的。

為了得到核對的機會，我在那個瞬間，決定在事情發生當下，選擇「介入」。營隊老師相對年輕，也許這是一次讓年輕老師學習的機會。抱持著這樣的思維，我前去時，情緒已然平穩。

對：對話

我走向武士頭老師：「老師，不好意思，我是這孩子的媽媽，我想請問老師這孩子怎麼了？」（藉由問老師川川怎麼了，我能快速得知老師的觀點為何）

武士頭老師一臉不耐煩的看著我，又低頭看了眼正在哭泣的川川，竟然更不耐煩的對川川說：「响，你怎麼又哭了！一直哭一直哭，你到底哭什麼啦！」

我很訝異武士頭老師會在我面前如此凶悍的對待川川，畢竟我是母親，老師在我面前都能如此不耐，那麼在我看不到的地方呢？

我上前將川川拉到我身後，以身體護衛孩子，支持孩子，讓孩子藉由我身體的位置，得到些許安全感。

我不疾不徐的問：「老師，能否告訴我發生什麼事，老師知道這孩子哭泣的原因嗎？」（再次探詢老師的**觀點**）

武士頭老師一臉不屑：「她就一直哭啊，整天一直哭，我哪知道是為什麼。」

我：「老師，我剛剛看到你拿著羽毛球拍的握把對著川川，並且告訴川川，想把握把塞進她嘴巴，請問老師，我有看錯嗎？」（**核對具體事件**）

武士頭老師立刻辯解：「那是因為她剛剛拿球拍打我的頭。」（**聽事**）

我低頭詢問川川：「你打老師的頭嗎？」（**核對行為**）

川川崩潰的哭著：「我沒有，我只是要跟老師說再見，我只是要說再見，老師就搶我的球拍。」

我回頭對老師說：「老師，孩子是怎麼打你的頭，你可以示範給我看嗎？」（**核對行為**）

武士頭老師一把搶下川川手裡的羽毛球拍：「她就這樣、這樣，把羽毛球拍靠近

我的頭啊！」（示範行動）

武士頭老師將球拍靠近川川的頭。

我：「所以有打到老師是嗎？」（核對行為、認知）

武士頭老師回答：「是沒有打到啦，但是差一點就打到了，所以我非常生氣。」

我：「所以老師的意思是，川川並沒有打到老師，是老師覺得被威脅，所以很生氣，對嗎？」（核對）

武士頭老師：「對，就是這樣。」

我：「川川對老師不禮貌，我代替川川向老師說抱歉。但是老師，你剛剛想用球拍握把塞進孩子嘴巴，她會恐懼、會害怕，自然就會哭。她是個敏感的孩子，如果她對老師做出不禮貌的事，老師可以告訴她、指正她，但是你想將握把塞進她嘴巴，這是恐嚇，會對孩子造成陰影。我認為非常不妥，而且我很在意。」（界線）

此刻，一旁的老師見氣氛不對，也過來緩頰：「媽媽，我們知道了，我們下次一定會注意。」

武士頭老師臉色尷尬，但也稍微軟化。儘管姿態上依然顯得很不耐煩，不過他回答：「好啦，抱歉啦，下次會注意。」

我再次口吻堅定的告訴武士頭老師：「老師，川川是個敏感的孩子，確實比較容易哭泣，請老師包涵她。老師教育她時，我相信她聽得懂，對嗎川川？（一鏡多橋，我低頭看著川川，川川點點頭。）老師不需要言語恐嚇，我擔憂她會嚇到，不敢再來營隊，我想這並不是我們樂見的狀況。再麻煩老師了。」（重申界線）

武士頭老師：「好啦，很抱歉，媽媽。」

我：「謝謝老師理解。」

我牽著川川的手，帶著其他四個孩子，離開營隊。

在這個事件上，我的介入，對川川與老師都有其用意。

對川川

- 表達母親對她的支持
- 做出溝通的示範，該如何與老師溝通，而不僅只有哭泣一途

對老師

- 為川川重新表達揮動球拍的緣由
- 啟動老師的覺察與行為的反思
- 表達我（母親）的界線

經由我的介入，川川會明白，媽媽永遠是她最可靠的堡壘，能為她建造安全的一隅，提供安全的防護。藉由我對話的示範，更能讓川川學習，如何以適當的語言跟老師溝通。

養：教養

離開武士頭老師之後，為了讓川川能更深刻理解我的意思，與她對話成了我刻不容緩的事。

帶著哭泣的川川與四個孩子稍微遠離營隊後，我找了一個靜謐的地方，蹲在川川身旁。川川仍在哭泣，我輕拍安撫她的情緒，詢問她還好嗎？還有什麼是她想說而媽媽剛剛沒有向老師表達清楚的地方？

川川哭聲漸息，靠在我身邊。

此時三個大孩子也同時靠過來，紛紛告訴我關於武士頭老師在營隊裡的事。

「他是教足球的。」

「老師很會捉弄小孩。」

「我們都叫他包子，因為他的頭像包子。」

「老師在籃球課時都會來搶我們的球，還會把球故意丟很遠，然後叫我們去撿。」

「我們都不喜歡他。」

三個大孩子嘰嘰喳喳，一句一句在我心裡迴盪。

我只是聽，沒有多做回應。那是孩子的表達，事實是什麼，我並不清楚，但孩子在傳遞他們眼裡的事實，我記住了。

眼前，我更關心的是川川的內在。

我：「剛剛老師為什麼要塞球拍到你嘴巴？」**（核對）**

川川：「我不知道，我真的只是想跟他說再見，我在他旁邊揮拍，他以為我要打他，我沒有要打他，媽媽你要相信我。」**（聽事）**

我：「媽媽相信你。川川，你喜歡這個老師嗎？」**（信任＋核對）**

川川：「我不喜歡，他之前上課都捉弄我們，還搶我們的球，又故意踢遠。他還捉弄沛羽，我就幫沛羽說話，後來老師就弄我，但是我不怕他。」**（聽事）**

我：「你很勇敢，我想知道，你的勇敢為你帶來什麼？是帶來安全，還是危險？」**（核目標）**

川川低著頭，眼眶又紅了：「老師更欺負我了，我覺得是危險。」

我：「川川，你很勇敢，媽媽很驕傲。但是川川，你的勇敢同樣為你帶來危險。剛剛媽媽聽哥哥姊姊說，老師不只一次捉弄你，是嗎？」（核對）

川川：「嗯，老師喜歡弄我，然後我就哭。」（聽事）

我：「川川，你知道勇敢是什麼嗎？」（核對觀點）

川川：「就是覺得別人不對，就大聲的告訴他，不讓他欺負小孩。」（觀點）

我：「這確實是勇敢，但是這樣的勇敢會讓媽媽為你擔心。其實勇敢不只是頂撞大人，勇敢也包含當危險來臨時，能生出力量保護自己和其他人遠離危險。你能為沛羽說話，保護沛羽，媽媽覺得你很了不起。但媽媽也希望你能勇敢保護自己，帶你自己和沛羽遠離老師。你懂媽媽的意思嗎？」（觀點＋心價值）

川川：「嗯，媽媽我知道了。明天我不會再罵老師，我會保護沛羽和自己，讓自己安全。」

我：「你很勇敢，也很聰明，媽媽很高興。剛剛你說你只是要跟老師說再見，老師就生氣，是嗎？」（欣賞＋核對事件）

川川：「對啊！我只是揮動我手上的拍子，我並沒有要打他。」

我：「老師不知道你揮拍的意思只是要說再見，甚至還誤會你。如果你還能再一次說再見，還會選擇這樣的方式嗎？」（引發覺知）

川川：「不會了，我會用嘴巴說。」

我：「你能這樣轉變，真的很厲害。沒錯，以後我們就用嘴巴說再見，這樣既禮貌，又能清楚表達意思，不會讓老師誤會。」（心價值＋協商界規）

川川：「我會記住的。媽媽，謝謝你剛剛幫我去跟老師說話，老師比較怕媽媽，媽媽說的話他比較會聽。」

我：「不是這樣的，川川，老師並不是怕媽媽，老師怕的是自己做錯的事。媽媽覺得，一個老師不應該對小孩說要把球拍塞進嘴巴裡，這種話是恐嚇，這是不對的。你剛剛有看到媽媽去跟老師說話的樣子嗎？」

川川：「有，媽媽沒有生氣，但媽媽很勇敢。」

我：「是啊，媽媽不需要生氣，不需要哭泣，因為那些對我跟老師溝通是沒有幫助的。下一次當你有話要跟老師溝通，你知道該怎麼做嗎？」（核目標）

川川：「不要用哭的，要好好講。」

我：「是呀，因為一哭就沒有人聽懂你說的話。你很聰明。」（心價值）

川川：「媽媽我記住了，媽媽你對我最好了，我愛你。」（渴望）

我：「媽媽也愛你，有任何事，隨時告訴媽媽，我們一起想辦法。」

川川：「好。」

這段對話，我將重心放在啟動川川應對方式的覺知，讓孩子知道，不管在什麼樣的情況下，首要是先確保自己的生命安全，其次才是爭取想要的事物。而爭取自己想要的東西時，應該以什麼樣的言語和姿態，準確表達自己，是孩子亟需學習的，這也是在短暫對話過程中，我想傳遞給川川的教養。

對話進行，皆以「聽核心」的方式溝通，是我慣性溝通的步驟與工具，不管是對老師或川川，皆是如此，差別在於意圖與目標不同而已，但都不脫離這三個步驟的溝通要素。

成：承擔

也許有些父母會擔憂，介入之後，孩子可能被老師冷落或排擠。因此，在與老師溝通前，我習慣思索溝通後可能會「承擔」什麼樣的後果，而這個後果是否是我和孩子能承受的？一旦釐清後果是我和孩子能承擔的，那麼我便無所懼怕。

而面對武士頭老師，我的思量是，這個社會存在許多不同面向的人，川川不可能一輩子在我的保護下長大。儘管武士頭老師不適合帶領川川，但我已在現場以自己的能量，明確的站出來為川川發聲。老師得知我很關注此事，而且會持續關注下去，在各方考量下，我認為這個短期營隊是川川練習與不同老師相處的好機會。即使相處不好，最後選擇不回去，我也能承擔孩子的情緒，以及空下來的時間與成本，我沒什麼好擔憂的。

因此，在後果來臨之前，我鼓勵川川大膽的回營隊去，學會如何與這樣不同的人相處、自保。這是川川成長的功課，不管之後再面對什麼樣的困境，我深信我都有能力陪川川度過。而在這件衝突上，我始終相信老師無惡意，經過這次溝通，老師與我都會有所學習，我願給彼此多一點機會。

3 事件二　當老師沒有足夠能力陪伴孩子

理解事件全貌，核對雙方認知，
再開啟溝通，好讓彼此能相互理解。

隔天，川川如常的與哥哥姊姊們去營隊上課。隨著與營隊生活愈密切，我才發現，營隊裡有諸多規劃不完善的地方，讓我湧起更多對營隊的好奇與關注。

上課時間不明確

那是營隊的第三天。

開車前去的路上，川川突然說了一句：「媽，我們每天都遲到耶！」

我看了眼手錶，時間是早上八點半。

我記得營隊寄來的行前通知書裡，只有一一的通知書裡有明確的課表，注明早上九點開始上課。而其他四人的通知書都沒有課表，更沒有課程開始的時間。因此我每日依照一一上課的時間，準時於九點之前送孩子們抵達營隊場地。

為什麼川川會說每日都遲到呢？

我問：「你們上課時間不是九點嗎？」

川川：「我也不知道是幾點，我只知道每天去的時候，都已經開始上課了，老師還唸我們每天都遲到，一點都不準時。」

我：「哦？」

當天中午，我因牽掛孩子們，尤其我想特別關注川川與老師的相處狀況，因此趁著中午休息，回到營區探望孩子。

剛好遇到帶領川川班級的老師，才得以解惑。川川和沛羽的上課時間，是早上八點開始，而其他三個孩子是九點。

營隊到了第三天，我這才弄明白川川的上課時間。而行前通知並未載明，造成老師誤解孩子每日遲到而叨唸孩子，甚是遺憾。

隊輔職責不清

釐清上課時間的當天，送孩子們進體育館時，還發生一件讓我憂心的事。

當我駕車送孩子抵達體育館時，隊輔要求我將車子停在指定位置，讓孩子下車。隊輔要求我們不能停留，需立刻駛離，以免擋到後方車子。

就在我將車子開離體育館時，我看了一眼孩子們的背影。一一最先進入體育館，一馬當先的模樣，不知為什麼讓我有了些許不安。

我對先生說：「一一自己進去了，你要不要去看看。」

一一的教室位在體育館地下室，需要走下層層的階梯，並且得要有準確的方向感，才能在偌大的體育館裡找到隱藏在深處的幼兒教室。

先生回應：「好，他走得這麼快，不知道有沒有人帶他進教室。」

先生下了車，我則將車子開到安全的地方等待。

先生回來後，告訴我：「一一自己從一樓體育館走到地下樓層的上課教室，完全沒有隊輔帶路。他憑著自己的記憶在體育館內亂走，根本找不到教室，也沒人發現他的存在。」

我聽完嚇了一身冷汗，還好有請先生下車跟著一一，否則後果我不敢想像。

這個營隊是信任孩子能自己走進偌大體育館的教室？還是疏忽了？

若是營隊的安排，我對這麼幼小的孩子就做如此的安排，深覺不妥。若是疏忽，也覺得應該提醒營隊的主事者，需要特別加強隊輔老師。若是人手不足，應該特別告知家長親自將孩子送達教室才是。

戲弄當安慰

這一天放學，我接到五個孩子後，孩子們七嘴八舌告訴我，川川今天又哭了，而且這次哭很久。

我問川川：「今天哭的原因是什麼呢？」（**核對事件**）

川川小聲說：「上籃球課時，我被球打到臉，很痛，所以就哭了。」（**聽事**）

聽了原因，我淺淺的笑了。

運動型課程，哪有不受傷的呢？被球打到，再正常不過了。當年我參加籃球校隊，手指受傷無數次，腳踝嚴重扭傷，這是運動員的必經血淚。

我摸摸川川的頭，安撫她。

幾個孩子仍舊嘰嘰喳喳，我身居其中，聲音像流水，嘩啦啦，彷彿夏日裡的蟬嗚，沁涼無比。

然而隨著孩子們的話語愈多，我卻愈聽愈明白了，心也愈來愈沉重。

三三：「媽媽，今天川川幾乎哭了一整天喔！」

我：「哦？被球打到怎麼會哭這麼久？川川你哭很久嗎？」（核對）

川川紅著眼眶說：「媽媽，這個營隊我不喜歡，我不想來這裡。」（聽事）

我：「怎麼了？」（核對）

川川：「這裡的老師很討厭，同學也很討厭，全部都很討厭。」（聽情）

我：「這麼討厭？發生了什麼事嗎？」（核對）

川川：「老師都欺負我，我哭的時候一直弄我。分組競賽同學也都不選我和沛羽，他們都覺得我們是最弱的，我不喜歡當最弱的人，我想跟大家一起玩。」（聽事）

我：「原來是這樣。」

我揣想川川的意思應該是，在營隊裡被球技較厲害的同學排擠，不與之同隊。這情形在同儕間都會發生，我視之為正常現象。孩子必須在這樣的過程裡，學會接納，承認自己的不足，才能有完整的歷練。

川川在這點上產生情緒，我並未放在心上。

三三：「媽媽，我也不喜歡這個營隊，你知道川川哭的時候，老師還繼續捉弄川

川嗎？」（聽事）

我：「哦？」（老師捉弄川川這幾個字，攫住了我的注意）

孝宣：「姑姑，我覺得川川很可憐，在營隊裡一直哭，都沒人來幫她，我們看到了也不敢幫她。」

我：「三三，你剛剛說老師捉弄川川，是什麼意思？」（核對）

三三：「就是川川哭的時候，老師不僅嘲笑川川哭得超醜，還拿便當去逗川川，用手捏川川的嘴巴，想讓川川的嘴角往上揚，看起來像在笑的樣子。但川川就很不舒服，被老師弄得愈哭愈大聲，老師一邊弄還一邊不停嘲笑她。」（傾聽）

三三的描述讓我震驚。

我轉頭核對川川：「是這樣嗎，川川？」

川川：「對，老師他們好壞，我在哭，還一直弄我，笑我只會一直哭，連同學也學老師，嘲笑我『愛哭鬼，要哭一年才夠』，媽媽，我真的不想去了。」（聽事）

沛羽：「姑姑，川川真的很可憐。」

我大膽揣想，年輕老師們可能想安慰川川，卻不知良善的安慰方法，只知打岔或揶揄，才因此讓川川更加受傷。

這一日接二連三的事件，從營隊規劃不盡完善，到老師未有足夠能力陪伴孩子的哭泣，讓我決定再次介入。

我決定打電話給營隊的執行長，將我體驗到的訊息提出來，核對我的認知是否有誤，也核對營隊的經營理念，好讓彼此都能有管道相互理解，能為雙方做些什麼。

我對孩子的愛，並不盲目，也絕非寵逆。當危險來臨時，我願意以自己的力量，為孩子撐起一隅的安全。孩子會在那一隅安全裡，感知我對她的愛，而愛裡有著堅毅、勇氣與原則，她不會是孤軍奮戰的那一個。

在撥打電話給營隊執行長之前，有件事我必須先做，那就是核對所有營隊訊息，包含孩子對營隊的認知，對老師的認知。我重新開啟與川川的對話，釐清所有讓我有疑惑或疑慮的細節。

我：「川川，你說老師在你哭的時候，都對你做什麼？」（核對）

川川：「老師一直笑我，說我愛哭，還說我哭的樣子很醜，醜死了。他們一直用手捏我的臉，弄得我好痛，我就哭得更大聲，然後他們就笑得更用力。老師還夾便當裡的肉給我吃，我說我不要吃，他們就一直要塞我嘴巴。」（聽事）

我：「他們想把食物塞你嘴巴？」（核對）

川川：「對，但是我不想吃，所以就哭得更大聲。」（聽事）

三三在一旁補充：「媽媽，老師還吃川川的便當，說川川不吃就給他們。」

我：「所以川川的便當沒有經過同意就被老師吃掉了？」（核對細節）

川川解釋：「媽媽，不是這樣，老師有問我還要不要吃便當，如果不吃就給他們吃，我說好，他們才拿去吃。」（聽事）

我：「原來是這樣，所以老師吃你的便當是經過你允許的，我知道了。那麼，你哭很久，有人來安慰你嗎？」（核對）

川川：「沒有，老師只會笑我，沒有人安慰我，同學看到我哭，也一直笑，他們好討厭。」（聽事）

我：「營隊裡，有你喜歡的老師或同學嗎？」

川川：「沒有，所有人都只會嘲笑我。」

三三補充：「媽，我也覺得營隊裡的老師都很不好，都欺負小孩……啊，也不是都很不好，有一兩個老師還是會對我們很溫柔很好，像羽球教練，雖然看起來很凶，也不太會跟我們玩，但他其實是個好老師，不會欺負小孩。還有一個瑜伽老師，對我們很好，很溫柔。其他老師會欺負小孩，都不好。」

我：「孝宣、沛羽，你們也這樣覺得嗎？」（核對觀點）

孝宣：「對啊，我也不喜歡營隊，川川一直哭都沒有人安慰，老師還一直欺負川川，他們真的很壞。姑姑，我都有偷偷跑去安慰川川喔，不然她太可憐了。」

沛羽：「川川哭得比我還慘，我只有第一天哭，其他時候我都有忍耐，我們那班的老師我都不喜歡。」

我：「那……中午戲弄川川的老師，是昨天那個武士頭老師嗎？」（核對）

三三補充：「「不是，是另外幾個老師。」

我：「哦！那武士頭老師今天有好好跟川川相處嗎？」

川川：「他今天有教足球，其他時候我沒看到他，所以我今天不是被他罵，是被別的老師罵的。」

我：「所以你們都很不喜歡這個營隊？」（核對）

五個孩子裡有四個異口同聲的回答：「對！」

4 綜觀全局 思量溝通目標

探尋廣泛訊息，勿以單一觀點觀看全局，釐清自己所想，理解能承擔的後果，便可大膽溝通。

在為孩子發聲前，核對孩子身處營隊的狀況、認知，以及得知他們的想法與各方面的觀點，從四個孩子的訊息中找到共同的認知，過濾個人偏激說詞，是我溝通前必要且重要的舉措。

畢竟我不在現場，沒有看到當時的狀況與發生的經過，因此盡可能探尋廣泛的訊息，盡量廣納孩子的觀點，站在他們的平均感官上，而非以川川的單一觀點來看全局，更不受川川的情緒干擾我該有的判斷。

我如同一隻鷹，在高空盤旋，綜觀全局，思量著溝通時，我的目標為何，該站在什麼樣的位置開啟對話，又該如何表達身為一個母親的擔憂，好讓營隊知曉。而這份告知的後果，是否是我與孩子能夠承擔的，這都是去溝通之前，父母應該加以思索的重要問題。

親師溝通心法口訣「養成對戒」：教養（養）、承擔（成）、對話（對）、介入（戒），在此時，我將「承擔」提前思慮，成為我前去溝通時最重要的考量，那代表溝通時，我能允許事物崩壞的最大底線。

承擔與目標

1. **承擔**

前去溝通，我和孩子都需要承擔溝通後所帶來的後果。

- 孩子：可能因此被更多老師關注，孩子能承受嗎？（在此事件中，有我陪伴，我深信川川能面對老師的關注。）
- 父母：若溝通不果，退營會是最後的結果，我能承擔嗎？（退營是金錢的損失，以及時間的損失，兩者皆是我能承擔。因此在必要時斷然退營，是我可以選擇的手段，也是我可以承擔的後果。）

2. 目標

我的目標絕不是抱怨營隊素質，我只訴求將所見所聽所聞對孩子照顧不妥的地方告知營隊，也將我對營隊的期待告知主事者，期望孩子哭泣時，老師若不會言語上的陪伴也沒關係，只要願意寬容的等待就好。

釐清自己所想，釐清目標，理解能承擔的後果，一切都是自己能接納的，我沒什麼好損失，更沒什麼好懼怕，便可邁開步伐，大步前往溝通的聖殿。

家長介入的時機與對話脈絡

撥打電話時，孩子們正在我身旁吃飯。

我沒有避開孩子，而是選擇在他們身邊打這通電話，原因有二：

一是關於營隊的事務，與孩子有關，我在他們面前撥電話，可以用行動表達我對孩子有著堅毅保護的勇氣。此為介入的意義。

二是不管溝通結果為何，我的溝通都將為孩子做出示範，無論是什麼樣的內容與方式，都是具體的展現。溝通時若能展現我的穩定與堅毅，則是孩子最好的學習。此為介入帶來的最好的示範。

電話撥通了，我也就此介入川川的事件。

營隊執行長也是個年輕的老師。

我：「執行長你好，我是這一期參加運動營的媽媽。」

執行長：「媽媽你好。」

我：「我有五個孩子參加你們的運動營，他們的名字叫三三、川川、一一、孝宣、沛羽。」

執行長：「喔！喔！媽媽你好。」

聽執行長回應的聲音，對孩子與我應該不陌生。

我：「你好，我是孩子們的母親，本身從事親職教育工作，過去也辦營隊，知道辦營隊是很辛苦的，很感謝你們的付出，願意辦營隊讓孩子參與。」

此處亦將我的全名告知執行長，用意在向執行長表達，我是願意為此次的溝通承擔責任，也藉由一句感謝，先連結老師與我。

執行長：「謝謝媽媽稱讚，這是我們應該做的。」

我：「我知道辦營隊的艱難，非常不容易。但是因為我的孩子參與其中，經歷了一些事，我認為已經影響孩子的安全，因此想向你們反映。」

執行長：「好，媽媽請說。」

我：「是這樣的，我最小的孩子年紀五歲，今天早上遵循隊輔的指示下車後，自己走入體育館。後來我先生不放心，決定跟在孩子身後觀察，結果發現沒有任何隊輔帶孩子進入教室，孩子自己在廣大的體育館亂走，我認為這是非常不安全的。」（**描述細節與觀點**）

執行長：「我們通常有隊輔帶孩子，怎麼可能沒有？」

我：「我也覺得不可置信，怎麼可能會沒有人引導呢？畢竟是這麼小的孩子，對環境的認識還沒辦法掌握得很好。但是今天早上確實沒有任何隊輔帶孩子到地下室的教室上課。」

執行長：「可能我們隊輔的人手調配不足，沒有多餘的人力才會這樣。」（**聽事**）

我：「我知道辦營隊的人手通常都是很緊的，所以我能理解。但我不能接受讓這麼幼小的孩子自己在體育館裡亂竄卻沒人帶領。所以我想表達是，如果沒有足夠的人手，我希望營隊能告訴我們，我們願意自己帶孩子下去，以確保安全。」（**界規**）

理解營隊困境與能否接受營隊的做法，於我而言是兩件事。我能理解辦理營隊是辛苦的，但幼小的孩子沒有人帶領，自己走進教室，於我而言這是安全問題，已經與我的界線牴觸。

執行長：「好，好，這點我們很抱歉。」

我：「另外一件小事是，今天是營隊第三天，我聽川川、沛羽說，她們每天都被老師叨唸遲到。但行前通知裡，我只看到一一的課表載明早上九點上課，其他孩子則沒有課表。今天我有機會在現場問了兩個老師，可是因為他們都不是川川班級相關的老師，他們說不知道別班的上課時間，問到第三位剛好是川川班級的老師，他才告訴我川川是早上八點上課……」

執行長：「有啊，行前通知怎麼可能沒有，我們都有在行前通知裡放課表啊。」

我：「我不知道營隊哪個環節出了問題，我的行前通知裡確實沒有三三和川川班級的課表，所以我就誤以為和一一的上課時間一樣都是九點。」

執行長：「是嗎？呴，嘖，他們又忘了放。好啦，媽媽，我知道了，這部分是我們的疏失，很抱歉。」

我：「沒關係，這是小事，營隊的工作人員相互沒有連結，彼此資訊不流通，我只是比較困擾，但能體諒。接下來是我比較在意的大事，也是今天打電話來反映的主因。我的孩子川川告訴我，她今天在營隊裡哭泣時，老師用言語嘲諷揶揄她，還拿食物想塞進她嘴巴……我想這也許是老師想安撫她的方式，希望她不要哭，但是方法我非常不認同。」（**具體描述**）

執行長：「喔，媽媽這件事我知道，我可以解釋這件事。事情是這樣的，今天一早川川玩籃球時被球打到，她一直哭，而且哭很久。我們有檢查她被球打到的地方，只有紅印，沒有傷口，所以應該是沒什麼大礙。只是川川一直哭，每個老師都去安慰她，但她還是一直哭……」

我：「老師，當時有在現場嗎？有看到當時的情況嗎？」（核對）

執行長：「喔，我當時人在樓上，沒有看到。但只要一發生事情，老師都會跟我回報，所以川川被球打到的第一時間，老師就跟我回報了。他們也按照我們的流程，處理川川的傷勢，照顧川川。只是川川可能比較怕痛，一直哭。我們本來想是不是要打電話告訴你，但後來見川川哭聲比較小了，就沒打電話……」

我：「老師，運動營時被球打到，對我來說很正常。我不在意外在的傷，我在意的是川川內在的傷害。孩子被球打到痛到哭了，老師卻以戲弄嘲笑的方式對待。他們可能是想用嬉鬧的方式讓川川開心起來，但這方式是我不認同的。」

執行長：「媽媽，就像你說的，我相信老師應該是想讓川川開心，可能方式不是很好，但沒有惡意。」

我：「老師你誤會我意思了，雖然我善意的猜測老師沒惡意，但老師的行為卻已經造成孩子心理的傷害。我要表達的是，老師在面對孩子哭泣的處理方式，是有瑕疵的，我希望營隊能重視這部分。」（**重申界規**）

執行長：「媽媽，我們的老師都經過專業訓練，他們都很懂得與孩子相處，我們也辦了很多屆了，都沒有這種問題。」（觀點）

我：「老師的意思是，問題出在我孩子身上？」（核對認知）

執行長：「我當然不是這意思。我的意思是，孩子哭了我們都有按照標準的流程處理，檢查傷勢，安撫孩子。」

我：「執行長，營隊裡有很多老師都是很年輕的老師，他們處理的流程是外在傷勢，我想知道老師們是否有處理孩子內在傷口的能力。營前團隊是否有培訓老師，學習如何與孩子相處的應對方式？」（核對）

執行長：「這部分我們雖然沒有做，但是我們的老師都是很愛孩子的，辦了很多屆下來，真的沒有遇到這些問題。」（觀點）

我：「老師，我相信你，也相信這群老師都是愛孩子的。但你沒有在現場，如何知道老師們沒有用揶揄嘲笑的方式對待孩子？孩子們說老師甚至拿便當裡的肉想塞孩子嘴巴，這件事執行長你知道嗎？老師有跟你回報嗎？」

執行長：「這倒是沒有，但是我信任我的老師。」

我：「既然老師都會回報，那麼執行長應該知道昨天有位足球老師，手拿羽毛球拍，口出恐嚇，說要把羽球拍塞進孩子的嘴巴裡，對嗎？」

執行長：「這件事我知道，當時我在比較遠的地方，因此有看到。老師說是川川先打他的頭，所以他才會這麼生氣。」

我：「執行長，我當下有前去詢問足球老師，老師親口說的是，川川『差一點』就打到他，所以並不是你口中說的『川川先打他的頭』。孩子其實是想跟老師說再見而揮動球拍，老師誤以為孩子想打他的頭，因此有誤解。但即便誤解，老師不以好的方式教導孩子，反而語帶威脅、恐嚇孩子，要把羽球拍塞進孩子的嘴巴，這樣的舉動是你認可的，是嗎？」（核對）

執行長：「沒有打到頭？那我誤會了。老師當然有不好的地方，我會再跟老師溝通。但我只是想跟媽媽說，營隊裡孩子總是比較好動活潑，老師難免會用比較凶的方式來約束孩子，這點要請媽媽諒解。」（觀點）

我：「我知道，所以我也強調老師應該不是故意的，但方式卻會令孩子心理受傷。」（界線）

執行長：「那媽媽你來告訴我們這些，到底是想要我們怎麼處理？」

我的情緒隨著執行長不斷的來回解釋與辯解，一直攀升。

我：「我希望你關注孩子的狀況，在孩子哭的時候，老師不會安慰孩子沒關係，只需要給孩子空間，讓孩子情緒發洩，過程不要去戲弄孩子，因為這會對孩子造成傷

害。川川今天回來時告訴我這個營隊很可怕，她不想再去了。」（界規）

執行長：「媽媽，戲弄孩子這部分我覺得不太可能。就我的了解，孩子有狀況，老師就會回報我，而老師也說他們都有處理。」

我：「你有在現場嗎？」

執行長：「我沒有在現場，但我要求老師有狀況要即時回報。」

我：「孩子們都說有被老師戲弄嘲諷，既然你沒有在現場，為什麼你一直說老師沒有嘲諷孩子？」

執行長：「呃……我的意思是，孩子會有排斥反應，可能是川川自己的問題，其他孩子應該沒有這種感覺吧！」

執行長的話語，一次又一次的讓我在溝通與戰爭的抉擇中徘徊。我願意對營隊給出體諒與接納，但無法接受執行長的說法，更無法妥協營隊的應對方式。

最後，我決定用我最強烈的手段，表達我的憤怒與不滿。當然在表達憤怒之前，我知道我的處理方式可能不盡周全，但在當下，我確實是有意識的選擇以生氣的方式回應執行長。

我（大聲）：「除了最小的一一，其餘三個孩子都看見老師嘲笑哭泣的川川，三個孩子都說川川很可憐。執行長，你相信你們的老師有處理好，這是你信任團隊，你是個很好的領導者。但是我今天之所以打電話來，對我而言，就表示這事情不僅沒有處理，還糟糕透了。你剛問我想怎麼處理，我原本是希望表達孩子參加營隊時遇到的狀況，在我表達完事件後，你們會有所警覺，並且願意回頭去理解狀況，這對我而言就是最好的處理，代表我提出的訊息你們聽見了。然而當我表達我的想法時，你卻一直回應我『營隊有處理了』，這並不符合我的期望，而你們也不願意再有所調整。既然如此，就請你告知我營隊上想把羽球拍塞進川川嘴巴那個老師的全名，以及今天想將食物塞進川川嘴裡那個老師的名字。」

為了表達憤怒，也為了保護孩子，我選擇以激烈的方式，表達強烈的不滿，並且做出激烈的決定。

執行長一聽立刻震懾了。

執行長：「媽媽，我們當然可以給你老師的名字，但你要老師的名字做什麼？」

我：「我會用我的方式公開公告他的名字。我深信這位老師不是故意的，甚至你們營隊所有嘲諷川川的老師都不是故意的。但是在跟你溝通的過程中，我沒有得到善意的回應，你屢屢告訴我你們已經按照該有的流程處理了，但你們處理的方式並不被我認同，既然如此，我只好以我的方式，表達我的想法和訊息，唯有公開不適任的老師，才能讓更多孩子不受恐嚇對待。當然你們營隊有些老師非常有耐心與溫柔，但有些老師確實是無法勝任這個職位，完全不適合帶領孩子，因此我要公告營隊上不適任的老師。」

這看起來是個非常激烈的決定，然而我並非被情緒牽引而喪失理智的判斷，我一直是有意識的向執行長表述自己的情緒及想法，而溝通時我的選擇有二：

暴烈的溝通：這是我決定引爆的方式，因為和緩的表達已不足以讓執行長傾聽我。既然如此，我選擇以暴烈的手段來表達，以憤怒的情緒對抗。

公告不適任老師：這是我最不想做的，因為我始終相信人本良善，所有行為皆非本意，因此不論什麼樣的失誤，都該給予機會修正。但在與執行長溝通的過程，我並沒有得到善意的回應，溝通無效之下才讓我決定採取暴烈的手段，公告不適任老師。我的想法是，既然營隊主辦人不願意傾聽我的聲音，我只好藉由外在的管道，讓營隊主辦人聽見這聲音。雖然手段激烈，但也是一種表達的方式。

在激烈的表達憤怒之餘，我很清楚明白自己需要承擔的後果，就是退營，那早已是我能預測也能承擔的後果，我並無畏懼。

在種種情緒的應對裡，我清楚知道我仍是情緒的主人，保有自己的行為與意識的主控權，並非被情緒操控，明白自己要的是什麼，這在溝通裡，是非常需要認清的。

執行長感受到我強大的憤怒與威脅，強大的氣場讓他從激昂的情緒中回魂。

執行長：「媽媽，你不要激動嘛。我們可以好好談，不需要弄到這樣的地步啊！我們的老師很年輕，確實有很多地方做不好。媽媽剛剛說其他三個孩子也覺得老師做的比較過分，那麼我想老師真的有很多該修正的地方，這部分我會再進行了解，再回報給媽媽。」

執行長修正他的說詞與姿態，終於有意願打開對話，我立即將外放的情緒按下，並且藉由呼吸的力道，瞬間安放，不再執著於使用情緒對話。

我：「老師，我很謝謝你願意傾聽，能聽到你這樣說，讓我非常感謝。我打電話來的目的，就是為此。你能這樣說，非常不容易。我要的不多，僅僅是你們願意傾聽，願意口頭承諾去理解，這樣就足以讓我卸下防備，也讓我感謝你們。」

這就是我打電話來的目的。目的達到，對於其他事便不需要再執著，也不需要在情緒上繼續意氣用事，更不需要在執行長的其他話語裡鑽牛角尖、咄咄逼人或質問，這都無助於對話。

因此我選擇：「在接收到執行長的誠意後，重新選擇對話，以『聽核心』的方式做為回應」。

在還能理智溝通時，立即收回暴烈的情緒應對，是這場對話中最困難的地方，也是我最想示範的核心。如何在對話裡，做情緒的主人，主動選擇我們想要的表達方式，不被情緒牽引而成為被動的情緒奴隸，這部分非常困難，卻也相當重要，是溝通成敗的關鍵。

執行長：「不要這樣說、不要這樣說，這是我們營隊該做的，我會再去多關注老師的做法。」

我：「老師，謝謝你。我再表達一次今天打電話來的訴求：第一，運動外傷我不在意，外在受傷時我深信你們會做最好的處理，我在乎的是孩子內在心靈的傷。第二，我希望營隊有人能親自關注老師對待川川的方式，明確告知老師，當川川哭泣時，不需要戲弄，更不用為了逗孩子笑而用錯方法，就大膽的讓川川哭，只要告訴川川一句：沒關係，你哭一會兒，我會在旁邊陪你。這樣就可以了。」

執行長：「好、好，這些都沒問題。我們當老師的，本來就應該多點耐心。孩子哭了，老師陪著孩子，是我們應該做的，我會再多教育我們老師。但我也請媽媽體諒營隊老師，他們剛帶完連續四個梯次的營隊，人手也確實不是那麼充足，所以精力和人力可能都不是那麼好，這部分是我們要跟媽媽說抱歉的地方。運動營也許無法讓孩子學到什麼厲害的技能，我們只希望打開孩子對運動的興趣。但讓孩子這麼不舒服，我們會再檢討。」

我：「能聽見你這樣坦承，我很感謝。辦營隊很辛苦，我能明白的。很感謝你們的付出，一一進入教室的部分，如果你們人手不夠，我們有能力自己送。川川的部分就麻煩執行長多關注，給予關心。」

執行長：「其實我今天中午有特別去教室看川川，也問川川還好嗎？她中午剛哭完，跟我說沒事了，默默的去洗自己的餐具。」

我：「謝謝你主動關心，這對川川而言是非常需要的，真的感謝。」

執行長：「這是我該做也是我能做的，沒什麼，謝謝媽媽信任我們。」

下半場的對話，我從情緒裡抽拔，轉回理性對話，並給予欣賞，互動正向與良善。

帶著覺知溝通

原以為對話就會在這和諧的狀態下劃上句點，沒想到執行長此時提起某事，讓我憤怒的情緒又再次升起。

執行長：「對了，媽媽，關於川川哭泣，有件事我必須告訴你。老師回報我一件事，我覺得可以納入參考，就是川川一直哭泣，都停不了的時候，老師有叫她姊姊三三想想辦法，也問三三要怎麼讓川川停止哭泣。可是姊姊跟老師說的是『她在家也是這樣一直哭，可以不用管她』，所以我想哭泣是川川的常態，而且姊姊都這樣說，所以老師才會逗她……」

我的腦子裡有一道聲音如閃電搬劃過，川川下課後對我說的話，自動被串連起來：「媽媽，老師都嘲笑我。媽媽，同學也學老師一起嘲笑我，說我愛哭鬼，說我要哭一年才夠。」

原來，這就是同學嘲笑川川的原因。三三有失誤，但問題不在三三，最大的癥結在老師。而執行長如今不明問題，以理所當然的口吻來向我說明老師出錯有理，這亦非我能接受。

在教育孩子的路上，老師的功能與父母教育孩子的功能，有著極為雷同且重要的地方，那就是「定義價值」。透過父母、老師「定義」的價值，能將孩子錯誤認知引導在正向的價值上，因此老師與父母的認知與價值系統，必須站在比孩子更高更遠更深的地方，才能帶領孩子前往真善美的方向。

因此當執行長將聽來的言語，當作處理川川事件參考的依據，藉此來說明「老師會如此對待川川的哭泣，是因為姊姊說川川在家裡就愛哭，可以不用理她，媽媽請你也不用太在意，因為川川哭泣是常態」，一切是有依據的。

我將所有聽見的點，連成了一條線，再從線連成一幅圖。我能想像老師聽完三三這句話之後，對川川的哭泣有了「定義」，川川就是愛哭，這是常態。因此在面對川川的哭泣時，有了不必太重視的心態產生，甚至可以詼諧、幽默、風趣來調侃川川。而一旁同儕見老師如此取笑川川，又聽聞老師說川川很愛哭，要哭很久，而有了模仿的方向與依據，因此嘲笑川川：「要哭一年才夠！」

這是一連串的蝴蝶效應，三三起了頭，而老師助長了風的氣勢與方向，於是同學便群起跟隨。

這是我的想像。

為了理解想像與現實，我發出核對。

我：「所以你的意思是，老師之所以用幽默風趣的方式來面對川川，可能是因為姊姊說她在家常哭，可以不用太理會她的緣故，而不是故意忽視川川的哭泣，是嗎？」

執行長：「對、對！」

我：「所以，因為姊姊都這樣說了，老師就不用有自己的判斷，只要跟著九歲孩子（姊姊）說出來的言語起鬨，是這意思嗎？」

執行長：「呃，不不，我不是這意思，我的意思只是……」

我：「你的意思只是，老師沒有惡意，是吧？」

執行長：「對、對！我的意思只是想告訴媽媽，老師沒有惡意的。」

我：「我知道老師沒有惡意，但聽了這麼一串之後，我認為老師沒有惡意也有了惡意。你們的老師沒有自己的判斷，跟隨姊姊起舞。姊姊自小跟川川同住一個家庭，彼此競爭成長，會說出這樣的話我不意外，這確實是姊姊會說出的話，是她的風格。如果在場的老師是有能量的，應該擋在姊妹倆中間，遏止姊姊，扳正她的言語，告知姊姊『妹妹被球打到很痛，當然可以哭』，如此一來老師便能做出示範，導正姊姊和所有孩子對川川的看法。但老師不但沒有導正姊姊的說詞，還跟隨起舞嘲笑，帶動其他孩子也競相模仿老師的言詞，一起嘲笑川川，這是一個老師面對孩子哭泣的方式嗎？而你現在又將這件事當作是重要的依據告訴我，我只能說，執行長，你也非常不適任老師的工作。」

這是我在這場對話中，說過最重的話。我憤怒卻仍然理智，因為我是有意識的選擇「憤怒」，且有意識的以重話表達我的憤怒，這一切的言語和表達，都是帶著覺知。

這份覺知，將關係到後面我與執行長的對話姿態選擇。

執行長沉默了一會兒，也許意識到團隊老師以及自己面對孩子哭泣的課題，確實沒有發揮到老師的功能，因而思索了一番。

我與執行長之間，湧入了大量的空白。

執行長陷入沉思，我讓問題自己跑一會兒，也讓自己的情緒跑一會兒。

許久之後，執行長緩緩開口：「媽媽你說的很對，我們確實做的不夠好。孩子有哭泣的權利，我們確實應該要遏止其他孩子來嘲笑川川，這點我們需要改進，我們很抱歉。以後我們會多教育老師，讓他們知道該如何面對孩子的情緒。」

能從執行長嘴裡聽到這番話，我依然感到佩服與感動。畢竟從認知錯誤到承認自己的錯誤，都不容易。

我的覺知帶領著我的選擇，在聽見執行長的話語時，我遂放下憤怒的表達方式，選擇一致性的溝通姿態。

我：「謝謝你的體諒，身為母親，我確實為孩子感到心痛。但不能否認，營隊還是有許多優秀的老師，對孩子極其用心，請代替我謝謝他們。」

許多人會在此處無法轉換或拿捏情緒。然而，誠如前面所提，由於憤怒的表達，是在覺知的狀態下，因此我的表達方式，都是我有意識的狀態下「選擇」的。能選擇「憤怒」的表達，自然也能選擇「一致性」的表達方式。

執行長：「哪裡哪裡，這是我們應該做的。」

我：「明天、後天，我仍然會讓川川去營隊，如果可以，請你或營隊的老師盡量給予川川支持。若明天後天她仍舊哭泣，就大膽的讓她哭泣，若你們不知道該怎麼面對她的情緒，請打電話給我，我可以和她聊聊。」

執行長：「好的，我知道了，謝謝媽媽的協助，也謝謝媽媽體諒我們。」

我：「謝謝你願意聽我說這麼多話，真的很感謝。」

教養與對話

掛上電話後，不知從哪兒冒出來的三三，一直興奮的對我聒噪。

看著三三興奮的表情，我想起剛剛電話中執行長轉述三三對老師說的那番話。我知道，與執行長溝通結束了，也該與三三、川川對話了，導正溝通的方式與正視自己的價值，展開身為母親對孩子的教養責任。

三三視角

三三：「媽媽，你好帥喔。媽媽，這是我第一次看到你這麼強悍耶。媽媽，你以前從來沒有跟別人說出你的身分，今天是第一次說耶。媽媽，你跟對方談話的方式好厲害。」

我看著三三興奮得跳上跳下，問：「你很關心妹妹的處境？」（**核對**）

三三：「對呀，妹妹在營隊上一直哭，好可憐。」（**觀點**）

我：「妹妹很可憐呀！但是三三，既然你覺得妹妹很可憐，怎麼會跟營隊老師說，妹妹很常哭，可以不用管她，這樣的話呢？」（**核對**）

在這一連串的事件，我感覺自己彷彿是一顆球體，被一切事物圍繞在中心，面對所有外在的人事物，並且用自己的能量，朝比較正向的目標，努力讓其轉動起來。

三三：「因為老師突然問我，我一時之間不知道要說什麼，沒想太多就說出那樣的話了，我本來是要幫她的。」（**聽事**）

我：「我知道你不是故意的。但是你這麼對老師說之後，你可知道你為川川帶來了什麼？」（**核對**）

三三：「老師好像更欺負她了。」

我：「這是你想幫忙川川的結果？」（**核目標**）

三三：「不是。媽媽，其實我後來反省了，還暗暗的送了川川很多橡皮筋。我跟她說去射讓她不開心的老師，讓她反擊回去。媽媽，我還是有幫川川喔。」（傾聽）

我：「媽媽很高興你以自己的方式去幫助妹妹。不過三三你知道嗎，你的一句話，讓川川被老師和全部的同學嘲笑。雖然後來你給川川橡皮筋，鼓勵川川反擊，若你是川川，你的感覺是什麼？會感謝這樣的姊姊，還是會討厭她呢？」（欣賞＋核對）

三三沉思：「我應該會很討厭這樣的姊姊。」

我：「如果你是川川，你敢用橡皮筋射老師或同學嗎？」（核對）

三三搖搖頭。

我：「是啊，我也不敢。雖然你是出於善意幫助川川，但什麼才是川川最需要的幫助，你能告訴我嗎？」（核認知）

三三：「在老師欺負川川時，告訴老師不要這樣弄川川，川川會哭得更大聲。更不要在老師問我該怎麼處理川川哭泣時，說出不要理川川這種話，這樣只會害了川川。」（覺察）

我：「三三，你很聰明也很敏銳。你的腦筋一轉一動，就能想到方法，而這些方法，確實是能幫助川川的。媽媽希望下一次如果還遇到類似的事情，你能像剛剛一樣，先思考想要說出來的話，會不會造成妹妹的困擾或負擔，而什麼樣的說話方式，

才能真正幫助到妹妹，好嗎？」（欣賞＋核目標）

三三點著頭：「我下次會注意的。」

我：「謝謝你的願意。你們都是媽媽的寶貝，當媽媽不在身邊時，你們姊妹就是最好的隊友，要彼此幫助或彼此成為敵人，都取決於你們說話的方式。無論如何，媽媽都非常愛你們。」（渴望）

三三：「媽媽，我記住了。我也愛你和妹妹。」（渴望）

川川視角

與三三深談完之後，面對這次事件，最關鍵的人，便是川川。

川川在這次事件深陷困境之中，除了老師應對的方式不盡理想，於我而言，川川會引來這麼多的困境，與她自己溝通的姿態也有很大關聯，這也是川川需要理解與學習的地方。

身為母親，與受挫傷心的孩子深入課題對話，成了這次事件裡，我最在乎也最重要的目標，這是教養的責任。

我：「川川，今天發生老師逗你這件事，你有什麼想法？」（核對）

川川：「很生氣。」（聽情）

我：「是該生氣的，任何人都不應該這樣對待一個哭泣的孩子。除了生氣，還有什麼呢？」（核對）

川川：「還有難過，都沒有人幫我，如果有人幫我就好了。但是哥哥姊姊都不敢幫我，他們也都怕被老師捉弄。」（聽事、聽情）

我：「是呀，換做是媽媽，媽媽也會非常難過。不過你說哥哥姊姊都不幫你呀？」（核對）

川川：「對呀，他們都不敢幫我，讓我覺得好孤單。」（傾聽）

我點著頭，若有所思：「他們都不幫你，那你呢？」（引發覺知）

川川：「什麼意思？」

我：「我的意思是，你有幫自己嗎？」（核對）

川川：「我？」

我：「是呀，當你被老師捉弄，感覺很孤單時，你為自己做了什麼？」（核對）

川川一臉茫然的看著我。

我：「你很難過，所以你就哭了。這個哭，有沒有讓你得到你想要的結果？」（核目標）

川川搖搖頭。

我：「媽媽知道，難過的時候，我們會不由自主的哭泣。媽媽只是希望你想一想，你的哭泣，你的眼淚，為你帶來了什麼樣的結果？這個結果是你想要的嗎？」

川川搖搖頭，喏喏的道：「我愈哭，老師就愈弄我，同學也愈笑我。」（覺察）

我：「是呀，你剛剛說哥哥姊姊都沒幫你，但媽媽希望在哥哥姊姊幫你之前，你能先幫幫自己。想想看，當老師捉弄你時，你該怎麼做，才能不再被老師捉弄？」

（核對覺知）

川川皺著小小的眉頭，認真思索後，告訴我：「我應該要停下來，不要用哭的，我應該要告訴老師我不喜歡他們這樣對我。媽媽這樣對嗎？」（覺察）

我：「你想得很好，看來你很懂得幫助自己呢！你會有勇氣幫助自己嗎？因為連哥哥姊姊都做不到的事，代表這件事真的不容易。」（核對）

川川：「媽媽，我可以，這不難。」

我：「川川，你很勇敢，媽媽為你的勇敢感到很感動。你願意幫助自己，在受到欺負時，站出來保護自己，這非常了不起。」（心價值）

川川笑得甜甜的。

我：「這次事件雖然讓你哭得很傷心，但媽媽很感謝有這件事發生，我們才有機會調整自己與別人相處的方法。也因為這樣，我才有可能看見，原來你是可以這麼勇

敢的。媽媽好欣賞你。」（心價值+連結渴望）

川川：「媽媽，愛你。」（渴望）

川川伸出小手臂，用力的抱住了我。我也回以溫暖的擁抱，抱著川川。

面對困境時，我喜歡用豐富的眼光看待事情。一件事物，有負向行為，就有正向資源。一如營隊老師雖然以不得體的方式逗弄川川，但本意是為了讓孩子不要繼續鎖在悲傷的哭泣裡。也一如川川，雖然面對老師的逗弄，她感到痛苦，但她仍然堅毅的去面對強權，沒有逃避或躲藏。這份勇敢的資源，是不容忽視的。

處理困境時，我也慣於給予自己三種選擇：面對、迴避、靜默，都是選擇的方式。薩提爾女士曾說，我們是自由的，給予自己三種選擇，我們便能真正自由。在這次事件中，我選擇面對，這是我想給孩子做出的示範。

我想，這亦是我能給孩子的最好教養方式。

國家圖書館出版品預行編目（CIP）資料

薩提爾的親子情緒課：以愛的對話，陪孩子走過情緒風暴／李儀婷著. -- 第一版. -- 臺北市：遠見天下文化, 2020.12
面；　公分. --（教育教養；BEP059）
ISBN 978-986-525-021-8（平裝）

1.親職教育　2.親子關係　3.親子溝通
4.情緒

528.2　　　　　　　　　109020375

教育教養 BEP059

薩提爾的親子情緒課

以愛的對話，陪孩子走過情緒風暴

作者 — 李儀婷

總編輯 — 吳佩穎
副總監 — 楊郁慧
副主編暨責任編輯 — 陳怡琳
校對 — 魏秋綢
封面設計 — 謝佳穎
內頁排版 — 張靜怡、楊仕堯

出版者 — 遠見天下文化出版股份有限公司
創辦人 — 高希均、王力行
遠見．天下文化．事業群 董事長 — 高希均
事業群發行人／CEO — 王力行
天下文化社長 — 林天來
天下文化總經理 — 林芳燕
國際事務開發部兼版權中心總監 — 潘欣
法律顧問 — 理律法律事務所陳長文律師
著作權顧問 — 魏啟翔律師
地址 — 台北市 104 松江路 93 巷 1 號 2 樓

讀者服務專線 — (02) 2662-0012 ｜傳真 — (02) 2662-0007；(02) 2662-0009
電子郵件信箱 — cwpc@cwgv.com.tw
直接郵撥帳號 — 1326703-6 號　遠見天下文化出版股份有限公司

製版廠 — 中原造像股份有限公司
印刷廠 — 中原造像股份有限公司
裝訂廠 — 中原造像股份有限公司
登記證 — 局版台業字第 2517 號
總經銷 — 大和書報圖書股份有限公司 電話／(02) 8990-2588
出版日期 — 2020 年 12 月 25 日第一版第 1 次印行

定價 — NT 380 元
ISBN — 978-986-525-021-8
書號 — BEP059
天下文化官網 — bookzone.cwgv.com.tw

天下文化

BELIEVE IN READING